Gib mir die Gelassenheit,
Dinge hinzunehmen, die ich nicht ändern kann,
den Mut,
Dinge zu ändern, die ich ändern kann,
und die Weisheit,
das eine vom anderen zu unterscheiden.
(nach Reinhold Niebuhr)

Birgit Möller
Melanie Amélie Pump

Einfach mal Wohlbefinden
– erfolgreich glücklich

© 2018 Melanie Amélie Pump, Birgit Möller
1. Auflage

1 Cup Coaching
Melanie Amélie Pump
Auf der Heide 38, 22393 Hamburg
www.1-cup-coaching.de

Umschlag: Melanie Amélie Pump, Birgit Möller
Bilder und Skizzen: Melanie Amélie Pump
Herstellung und Verlag: BoD – Books on Demand,
Norderstedt

Bibliografische Information der Deutschen
Nationalbibliothek: Die Deutsche Nationalbibliothek
verzeichnet diese Publikation in der Deutschen
Nationalbibliografie; detaillierte bibliografische Daten
sind im Internet über http://dnb.dnb.de abrufbar.

Das Buch ist sorgfältig erarbeitet worden. Dennoch
erfolgen alle Angaben ohne Gewähr. Weder die
Autorinnen noch der Verlag können für eventuelle
Nachteile oder Schäden, die aus den im Buch
gemachten Hinweisen resultieren, eine Haftung
übernehmen.

ISBN 9783752833621

Inhaltsverzeichnis

Vorwort

„Nur noch eben schnell …", denken wir oft – und bekommen es mindestens ebenso häufig auch zu hören! Und, ach ja, wenn wir schon dabei sind: Perfekt sollte es natürlich auch sein.

Leichter gesagt als getan.

Unser Leben wird zunehmend schneller, komplexer, intensiver und dabei immer hektischer. Das fühlt sich nicht nur so an, sondern so beschreibt es auch die Techniker Krankenkasse in ihrer Stressstudie 2016. Auf den ersten Blick ist es vielleicht ganz beruhigend, mit diesem Phänomen nicht allein zu sein:

Immer ist irgendwas los, immer will irgendwer etwas von uns – und das am besten gestern. Kaum glaubt man, der einen Sache Herr geworden zu sein, lauern bereits drei weitere vor einem. Es ist zum Verrücktwerden – und manch einer wird es auch.

Eine Welt, die sich selbst immer flexibler, immer multidimensionaler will, stellt Ansprüche auf allen Gebieten und an jeden einzelnen, die immer schwerer zu erfüllen sind. Das merken wir – nicht sofort, aber zunehmend mehr.

Wie großartig wäre es jetzt, wenn jemand uns da rausholen würde? Aber wer? Politik, Wirtschaft, Gesellschaft oder eine gute Fee? Während wir auf Hilfe warten, halten wir fleißig das Hamsterrad in Schwung … bis zum nächsten Wochenende … okay, bis zum nächsten Urlaub … oder vielleicht doch bis zur Rente?

Bei manchem regt sich der Trotz: Schluss damit, denken wir, besinnen uns auf unsere

Eigenverantwortung und suchen selbst nach Lösungen.

Erfreulicherweise werden wir fündig – Lösungen gibt es jede Menge: Kurse und unzählige Bücher stehen zur Auswahl und verursachen erst einmal nur eines: zusätzlichen Stress.

Eine tägliche 45-Minuten-Meditation zum Beispiel kann etwas Wunderbares sein – wenn man Meditation mag und zusätzliche 45 Minuten pro Tag dafür erübrigen will.

An guten Vorsätzen mangelt es uns in der Regel auch nicht – meist hapert es jedoch an der Umsetzung. Oft sind wir schlicht so im Stress, uns endlich mal zu entspannen, dass wir nicht mehr auf die einfachsten, auf die naheliegendsten Dinge kommen.

Und das ist genau das Problem:

Ein Buch zu lesen kostet Zeit. Einen Kurs zu besuchen auch – Übungszeit noch gar nicht eingerechnet. Veränderung insgesamt braucht Zeit – aber war es nicht genau das, was keiner von uns hat?

Und was, wenn das Erlernte dann in der Umsetzung nicht auf Anhieb gelingt? Dann kommt zum Stress auch noch das gefühlte „Versagen"; schon wieder ein Tiefschlag für die innere Ruhe und das eigene Selbstwertgefühl. Das ist zu viel.

Aber: Du hast ja dieses Buch in der Hand und somit noch nicht aufgegeben. Prima! Wenn du dich nur ansatzweise in dem bisher beschriebenen Teil wiedererkannt hast, solltest du unbedingt weiterlesen. Selbst wenn du denkst: „Na ja, schon wieder eines von diesen Büchern", solltest du auch unbedingt weiterlesen! Warum?

Lass dich überraschen von vielen kleinen

praxistauglichen Rezepten. Klein? Genau, denn oft ist es gar nicht so kompliziert, wie wir denken. Schon ein paar kleine Veränderungen können Wunder bewirken.

Deswegen laden wir dich zu fünf kleinen Alltagsgeschichten und vielen konkret-kreativen Ideen für ein entspannteres Leben ein. Lass dich ein, auf einen aktiven Perspektivwechsel.

Dieses Buch verbindet klassische und kreative Elemente mit Grundideen der wissenschaftlich fundierten Positiven Psychologie – für garantiert mehr Wohlbefinden und Erfolg!

Denn: Um nicht von den großen Wellen getroffen und überrollt zu werden, gilt es frühzeitig:

- nicht alles zu glauben, was man denkt,
- kleine Freuden zu genießen,
- seinen Stärken zu vertrauen und
- das Ganze mit einer Prise Humor zu würzen.

Das fällt nicht immer leicht? Na, klar aber dank unserer Tipps wird es mit jedem Mal etwas einfacher.

Und das Beste und Besondere an DIESEM Buch: Wir lassen dich nicht allein!

Du hast eine Frage? Kommst an einem Punkt nicht voran?

Schreib uns einfach – wir helfen dir weiter.

Also mach mit und hab Spaß dabei! Damit Wohlbefinden, Glück und Erfolg wieder einen festen Platz in deinem Leben haben. Wir zeigen dir wie.

Und warum nur so ein kleines Buch? Na, weil es

eben die kleinen Dinge sind, die den großen Unterschied machen.

Einfach mal Wohlbefinden – erfolgreich glücklich. So geht das mit Birgit und Amélie – der Creativeer®

Gut zu wissen

In diesem Buch lernst du in jeder Geschichte einen neuen Charakter in einer für ihn herausfordernden Situation kennen. Im Anschluss an die Geschichte haben wir neben interessantem Hintergrundwissen zu den einzelnen Aspekten viele Denkanstöße und danach ein oder zwei konkrete Übungen zum jeweiligen Thema für dich zusammengestellt.

Jede Geschichte mit den dazugehörigen Informationen und Übungen ist in sich abgeschlossen und unabhängig von den anderen.

Dein großer Vorteil dabei: Du kannst das Buch von vorne nach hinten lesen – musst es aber nicht. Schau gern ins Inhaltsverzeichnis, und wenn dich ein Thema besonders anspricht, kannst du gleich dort beginnen.

Viel Spaß mit den Protagonisten Tim, Anna, Eva, Max und Marlene.

Und noch ein Tipp, bevor du startest

Damit das Lesen nicht nur Spaß macht, sondern du auch konkrete Ideen für dich persönlich festhältst, empfehlen wir dir Folgendes:

Arbeite bei den Übungen, die du machst, schriftlich. Damit bleibt die Lösung nachweislich besser im Gedächtnis und du kannst immer mal nachschlagen, was du aufgeschrieben hast.

Mach dir auch sonst Notizen, immer dann, wenn dich ein Gedanke besonders anspricht, du etwas wichtig findest oder, oder, oder …

Viele schreiben gern alles in ein Arbeitsbuch oder -heft, legen ein „Einfach-mal-Wohlbefinden-Büchlein" an. Du kannst aber auch Zettel nehmen und sie in einen Ordner heften. Oder du schreibst einzelne Gedanken auf die Rückseite von Postkarten, die dir gefallen. Dann kannst du sie später gut sichtbar für dich zur Erinnerung aufstellen. Deiner Fantasie sind keine Grenzen gesetzt.

Und jetzt geht's los
– Dein Weg zum Glücksprofi beginnt genau hier!

1. Carsten, wo bist du, wenn ich dich brauche?
– Mauseloch, lass mich rein

Und nun passiert es doch noch. Die Situation, die Tim am meisten fürchtet, kündigt sich an. Sein Herz beginnt schneller zu schlagen, die Hände werden schweißnass – am liebsten würde er in einem Mauseloch verschwinden.

Leider ist keins da, und so sieht er seinen Chef kurz vor Feierabend, einen riesigen Aktenstapel balancierend, direkt auf ihn zusteuern.

Ein wichtiger Neukunde, Termin morgen früh 9:00 Uhr. Bis dahin muss Tim den Stapel Unterlagen analysiert und sich sehr gut auf das Gespräch mit dem Neukunden vorbereitet haben. Er wirft einen Blick auf den leeren Schreibtisch seines Kollegen. Warum kommt sein Kollege Carsten bloß erst morgen aus dem Urlaub zurück? Der kann so etwas nicht nur viel besser, sondern nimmt solche Herausforderungen auch immer gern an und ihm damit oft ab. Obwohl Tim die gleichen Qualifikationen und genauso viel Berufserfahrung hat wie Carsten, schlägt ihm der Zeitdruck und allein der Gedanke an diese bevorstehende Arbeit auf den Magen. Grundsätzlich ist er für die Analyse qualifiziert. Das gehört zu seinem Job und er hat solche Situationen schon oft erfolgreich gemeistert. Aber was, wenn ihm doch ausgerechnet jetzt ein Fehler unterläuft? Bestimmt sind es wieder so komplizierte Bilanzen. Die Nervosität steigt.

Tim macht sich an die Arbeit. Nur noch eine gute Stunde, dann muss er los. Familienfeier – wenn er nicht noch mehr Stress haben will, muss er da hin.

Er arbeitet, so gut er kann. Erleichtert stellt er fest, dass es gar nicht so kompliziert ist. Trotzdem fällt es ihm schwer, sich zu konzentrieren. Die vom Chef eher beiläufige Aussage, dass es wichtig wäre, diesen Kunden für die Bank zu gewinnen, schleicht sich immer wieder zwischen die Zahlen der Bilanzen.

Der innere Druck wächst.

Die Nacht wird schrecklich – er kennt das. Als er nach Hause ging, war er noch ganz zufrieden mit sich. Aber hat er wirklich an alles gedacht? Mit jeder Stunde wachsen die Selbstzweifel. Vielleicht habe ich etwas übersehen, vergessen oder falsch zugeordnet? Das wäre total peinlich im Gespräch. Der Kunde wird mich vorführen. Bestimmt kann ich meine Position nicht professionell vertreten. Ich kann das halt einfach nicht. Der Kunde wird sich beschweren, der Chef sauer sein. Beim nächsten Personalabbau stehe ich dann bestimmt auch auf der Liste. Wovon sollen wir dann leben?

Das Gedankenkarussell hat volle Fahrt aufgenommen. Tim zahlt nach jeder Runde mit noch einer Stunde Schlaflosigkeit und darf weiter mitfahren.

1.1. Aussteigen bitte!

Tja, und da fahren Tims Gedanken nun Runde um Runde. Beim echten Karussellfahren auf dem Jahrmarkt sagt er seinen Kindern immer: „Nur noch eine Fahrt, sonst wird es zu teuer." Mangels echter Alternativen steigen die Kinder dann mehr oder weniger freiwillig aus.

Aussteigen wäre auch beim Gedankenkarussell sinnvoll, aber da steht Tim seinen Kindern in nichts nach. Er braucht zum Aussteigen jemanden, der ihn rausholt. Da die Mehrheit derjenigen, die dafür infrage kommen, jedoch nachts schlafen, kann es dieses Mal für ihn teuer werden.

Sein Körper hat auf derartige Stresssituationen schon mit Herzklopfen, Schweißausbrüchen und Magenbeschwerden reagiert. Die Schlaflosigkeit verhindert nun die so wichtige Regeneration in der Nacht. Das ist nicht nur lästig und anstrengend. Auf Dauer ist es auch ungesund – definitiv ein zu hoher Preis!

Ist dir beim Lesen der Geschichte spontan eine Begebenheit aus Beruf oder Privatleben eingefallen, in der

- es dir ähnlich erging?
- du dir gewünscht hast, ein anderer würde die Aufgabe übernehmen oder du könntest einfach in ein Mauseloch kriechen und erst wieder rauskommen, wenn die Sache erledigt ist?
- deine Gedanken sich unaufhörlich im Kreis drehen – ohne, dass es dich wirklich weiterbringt oder dir hilft?
- du das Schlimmste befürchtest und es nachher gar nicht so schlimm (manchmal sogar erfolgreich) war?

Ganz gleich, wie oft du beim Lesen der Punkte innerlich „ja" gesagt hast – in dem folgenden Teil lernst du deine eigenen Stärken und Gedanken besser kennen.

Und während dein Unterbewusstsein vielleicht denkt „Brauch ich das und will ich das überhaupt?", lies einfach weiter – du wirst überrascht sein.

Denn seien wir doch mal ehrlich: Das, was du schon weißt, hat dich hierher gebracht – aber eben auch keinen Schritt weiter. Also lass dich auf etwas Neues ein:

Du hast mehr Stärken, als du denkst, und denkst mehr, als du weißt.

1.2. Stärken
– später, es gibt noch so viele Schwächen

Die Überzeugung, dass es sinnvoller sei, das, worin man Schwächen hat, zu verbessern, bevor man auf die Stärken schaut, ist weit verbreitet. Kein Wunder! Spätestens in der Schule lernen wir: Hat ein Schüler ein sehr gutes Ergebnis in einem Diktat mit 100 Wörtern, steht dort dennoch z. B. "3 Fehler" und nicht „97 richtig" – der Fokus liegt auf den Fehlern. Es gibt keinen Applaus für die 97 richtigen Wörter – schade eigentlich!

Einen Teil der Verantwortung können wir getrost unseren Vorfahren in die Schuhe schieben. Von ihnen haben nur die überlebt, die vorsichtig und zurückhaltend waren, Probleme und Gefahren frühzeitig erkannten, richtig einschätzten und vermieden.

Noch heute richten wir unseren Fokus daher eher auf

Probleme. Die erscheinen uns nicht nur viel dringlicher, sondern stressen uns auch nachhaltiger – und einmal im Tunnelblick, blenden wir dann gern alles andere aus. Unser Blickwinkel verengt sich, und dadurch gerät so manch einfache und sinnvolle Lösung außer Sichtweite.

Wie bedauerlich, denn oft sind Lösungen ganz einfach und wir uns unserer Stärken nur nicht bewusst – so wie Tim.

Würde Tim seinen Problemfokus und den Tunnelblick verlassen, könnte er Kraft schöpfen, indem er seine Stärken in den Fokus rückt. Dabei geht es keinesfalls um ein „Schönreden" der ungeliebten Situation! Es geht lediglich darum, ALLES zu sehen, was da ist – also nicht nur die Sorgen und Ängste, sondern auch die vorhandenen Stärken!

Schau gern noch mal zurück auf die Geschichte: Tim verfügt über umfangreiche Berufserfahrung und ist für die bevorstehende Aufgabe qualifiziert! Er hat solche Situationen schon oft gemeistert – und zwar gut! Prima! Warum bleibt Tim trotzdem ein Gefangener seiner schlimmsten Befürchtungen? Warum so viele Sorgen und Gedanken? Statt zu der Mut gebenden Feststellung zu gelangen: Ich mag das zwar nicht, aber ich kann das!

Wissenschaftlich ist belegt (Corporate Leadership Council 2002), dass die Betonung von Leistungsstärken bei Mitarbeitern zu einer deutlichen Leistungssteigerung führt!

Würde Tim also der Fokuswechsel hin zu seinen Stärken gelingen, dann würde er nicht nur zügiger und besser mit der Arbeit fertig werden, er würde sich auch wohler und glücklicher fühlen.

Und würde der Chef auch noch seine Stärken betonen – na ja, manchmal sind wir halt gefordert, uns selbst mit unseren Stärken zu verbünden.

1.3. Stärken?
Was sind das denn für Typen?

Stärken hat jeder, und richtig eingesetzt, geben sie Energie und ermöglichen beste Leistungen. Sie sind also

richtig tolle Typen, die wir da an unserer Seite haben. Sie können als überdauernde, individuelle Muster von Gedanken, Gefühlen und Verhaltensweisen bezeichnet werden. Aber nur wenn wir unsere Stärken kennen, können wir sie bewusst einsetzen.

So einfach ist es!

Wie gut kennst du deine Stärken?

Aufgabe: Bitte schreibe 6 bis 10 deiner Stärken auf, die dir spontan einfallen (möglichst mit konkreter Situation).

Und? – Wie war das für dich? Was hast du gedacht, welche Situationen gesehen bzw. wie hast du dich gefühlt, als du deine Stärken aufgeschrieben hast? Fielen dir gleich so viele ein? War es für dich eher leicht oder schwer? Auch ein oder zwei Stärken sind für den Anfang genau das – ein guter Anfang, bau darauf auf!

Es fiel dir leicht? Herzlichen Glückwunsch, du bist schon ein Stärkenprofi. Es fiel dir schwer? Willkommen im Club! Erfahrungsgemäß fällt es den meisten Menschen leichter, für sich selbst eine Vielzahl von Schwächen aufzuschreiben als ein paar Stärken.

Eine gute Möglichkeit, etwas mehr über die eigenen Stärken zu erfahren, ist der VIA-Stärkentest der Universität Zürich. Bei diesem Test werden 24 Charakterstärken (z. B. Kreativität, Neugier, Lebenskraft, Ausdauer, Humor, Fairness, Umsicht) anhand von 240 Fragen/Aussagen in eine individuelle „Reihenfolge" gebracht. VIA heißt „values in action" (frei übersetzt: Stärken in Aktion). Du bekommst durch die Auswertung somit einen Eindruck, welche deiner Stärken du – vielleicht auch unbewusst – am häufigsten einsetzt und welche dir außerdem noch zur Verfügung stehen, an die du vielleicht noch gar nicht gedacht hast.

Du findest den Test nebst Interpretationshilfe hier:

https://www.charakterstaerken.org/
https://www.charakterstaerken.org/
VIA_Interpretationshilfe.pdf

Stand Druckdatum dieses Buches ist der Test kostenlos, braucht aber etwas Ruhe und Zeit.

Stärken – Wohlbefinden – Lebenszufriedenheit

Forschungen haben ergeben, dass das Erkennen von

Stärken in einem hohen Maß mit subjektivem Wohlbefinden in Zusammenhang steht (Seligman et al. 2005). Stärken wie z. B. Hoffnung, Lebenskraft, Dankbarkeit, Neugier stehen nachweislich in engem Zusammenhang mit Lebenszufriedenheit (Park et al. 2006).

Also, auf geht's – ran an deine Stärken mit der folgenden Übung!

1.4. Übung:
Mein Stärkenprofil in drei Schritten

Schritt 1: Frage andere nach deinen Stärken:

Bitte 5 bis 10 Personen aus deinem Freundes-, Familien-, Arbeitskreis darum, dir ein kurzes, schriftliches Feedback zu deinen Stärken zu geben. Das kann z. B. so formuliert sein: „Ich möchte etwas ausprobieren und würde mich freuen, wenn du mir die folgenden Fragen ehrlich beantworten würdest:

1. Welche 3 bis 4 Stärken fallen dir spontan zu mir ein?
2. In welchen Situationen hast du die Stärke an mir erlebt?"

Vielen ist es unangenehm, andere nach den eigenen Stärken zu fragen. Trau dich! Falls sich dennoch etwas in dir stark sträubt, kannst du die Übung auch zunächst alleine durchführen.

Mithilfe der Frage „Was würde Person xy (Partner,

Freundin, Chef, Kollegin etc.) aufschreiben, wenn er/sie diese Fragen beantwortet?", kannst du dich aus einer anderen Perspektive kennenlernen und Zugang zu deinen Stärken finden. Die „echten" Antworten sind allerdings deutlich präziser – also: Nur Mut und lass dich überraschen! Wir haben es ausprobiert. Teils waren wir gerührt, überrascht und manchmal auch etwas stolz – es war wunderbar.

Schritt 2: Stärkenprofil clustern

Ordne die Antworten nach Gemeinsamkeiten, stelle das Ergebnis grafisch dar (Mindmap, Post-IT´s, Karten etc.) und finde Oberbegriffe für jede Gruppe deiner Stärken. Fotografiere das Ergebnis und stecke es Dir ins Portemonnaie oder speichere es auf deinem Smartphone – so hast du deine Stärken immer bei dir.

Schritt 3: Strategien entwickeln

Erstelle eine Liste mit Situationen, die für dich schwierig sind. Ordne jeder Situation jeweils eine hilfreiche Stärke zu und beschreibe, wie genau du diese Stärke einsetzen willst!

Und was hilft das für das tägliche Leben? Ganz einfach: Zu wissen, was man gut kann, gibt Kraft, Hoffnung und Zuversicht und trägt damit entscheidend zu Motivation und Lebenszufriedenheit bei. Selbst wenn du eine Situation nicht ändern kannst, kannst du deine Haltung dazu ändern und bewusst deine Stärken nutzen, um sie bestmöglich zu meistern. UND: Schau auf deine Umgebung. Kannst du deine Stärken dort einsetzen, wo du derzeit stehst? Oder ist es sinnvoller, hier vielleicht etwas zu verändern? Ein anderes Hobby, ein Berufswechsel oder etwas Neues im Privatleben?

Also: Wo bist du in deinem Element? Wo kannst du deine Stärken bestmöglich einsetzen?

Zum Abschluss des Themas „Stärken" empfehlen wir dir das kurze Video „Das Pinguin-Prinzip" von Dr. Eckart von Hirschhausen. Du findest es unter diesem Link:

https://www.youtube.com/watch?v=Az7lJfNiSAs

1.5. Bewertungen und Gedanken

Stress entsteht nie durch eine Situation selbst, sondern durch unsere ganz individuelle Bewertung selbiger! Allein aus der Bewertung ergibt sich, ob wir eine Situation als Stress erleben oder nicht!

So ist es auch bei Tim in unserer Geschichte. Sein Kollege Carsten (gleiche Ausbildung, Qualifikation, Berufserfahrung …) hat keinen Stress, wenn der Chef mit einem Aktenstapel um die Ecke kommt – er freut sich sogar. So unterschiedlich kann man sein.

Sicher fällt dir aus deinem Freundes- oder Kollegenkreis auch die eine oder andere Situation ein, bei der einer sich zurücklehnt und entspannt sagt: „Cool, endlich mal wieder eine Herausforderung!", während ein anderer in der gleichen Situation vor Wut an der Decke klebt oder aus Verzweiflung Magenschmerzen bekommt?

Schon Laotse sagte: „Was ist, ist, und wie ich damit

umgehe, ist mein Beitrag zum Leben."

Mit den Gedanken ist es ganz ähnlich. Wir haben rund 60.000 Gedanken pro Tag, davon sind rund 42.000 negativ. Kein Wunder also, dass hier auch häufig unser Fokus landet. Oft unterschätzen wir dabei auch, wie sich unsere Gedanken direkt auf unseren Körper auswirken.

Ein Beispiel: Stell dir mit allen Sinnen intensiv eine frische, gelbe, aufgeschnittene Zitrone vor. Du reibst sie in der Hand, der Zitronenduft steigt dir in die Nase. Der Saft läuft an deinen Fingern entlang und du leckst die Finger ab – puh, ist das sauer! Was passiert? Spürst du es schon? Wenn du dir die Zitrone, den Geruch, den Saft intensiv mit allen Sinnen vorgestellt hast, kannst du verstärkten Speichelfluss spüren – und das, obwohl gar keine Zitrone da ist! Das bedeutet, dass nur durch das, was wir denken, körperliche Prozesse ausgelöst werden können. Da hat es doch Sinn, wenn wir möglichst so denken, dass es uns gut tut, oder?

Wie denkst du über dich und die Welt? Eine positive und optimistische Sicht auf sich und die Welt fördert die Kreativität, erweitert den Blickwinkel und ermöglicht nachweislich bessere Leistungen!
Unser Gehirn liefert eine gute Erklärung dafür: Es ist „neuroplastisch", sprich, es verändert sich ständig. Das ist wie bei Muskeln. Die, die viel trainiert werden, bilden sich aus und wachsen, die anderen verkümmern. So ist es auch mit unseren Gedanken.

Wir sind also unserem Schicksal nicht so ergeben,

wie wir glauben, denn wir haben durch unsere Denkweise erheblichen Einfluss auf unser Gehirn -– wie ein Sportler im Training.

Ist ja eigentlich auch klar – wer denkt denn unsere Gedanken? Natürlich wir selbst – willkommen in der Eigenverantwortung!

Und jetzt mal los: Überprüfe deine Gedanken und nimm öfter einen anderen Blickwinkel ein. Wirkliche Probleme gibt es zum Glück nur selten. Meist handelt es sich um Situationen, die anders sind, als wir sie gern hätten. Das ist lästig, aber nicht so eine große Katastrophe, wie wir meinen.

In der Regel kommt es auch nicht so schlimm, wie uns unser Kopf weismachen will.

Erinnerst du dich noch an Tim und sein Gedankenkarussell? Klar ist es lästig, wenn der Chef mit dem ungeliebten Aktenstapel in Tims Vor-Feierabend-Freude platzt. Die Katastrophe nimmt aber nur in Tims Gedanken ihren Lauf – in Wirklichkeit kommt es nicht so schlimm. Vielleicht schmunzelst du jetzt, weil dir gerade spontan wieder eine ähnliche Situation einfällt …

Mit der folgenden „PiP-Übung" machst du dir die unterschiedlichen Perspektiven zu Nutze!

1.6. Übung 1: „Put it in perspective" oder: wie du eine hilfreiche Perspektive zu einer Situation entwickelst

1. Wähle eine Situation/Entscheidung, die dir

schwerfällt, Angst oder Sorgen macht, die du vielleicht schon eine Zeit vor dir herschiebst.

Schreibe jetzt die Folgen auf, die im schlimmsten Fall (worst case) passieren könnten.

2. Schreibe nun alle Folgen auf, die im besten Fall (best case) passieren könnten.
3. Notiere die am wahrscheinlichsten Folgen.
4. Erstelle einen Plan, wie du mit diesen wahrscheinlichsten Folgen umgehen kannst.

Außer einem Perspektivwechsels möchten wir dir außerdem noch eine Strategie vorstellen, die dir dabei hilft, deine Reaktion auf eine Herausforderung zu überprüfen:

1.7. Übung 2: „AHA-Strategie"[1]

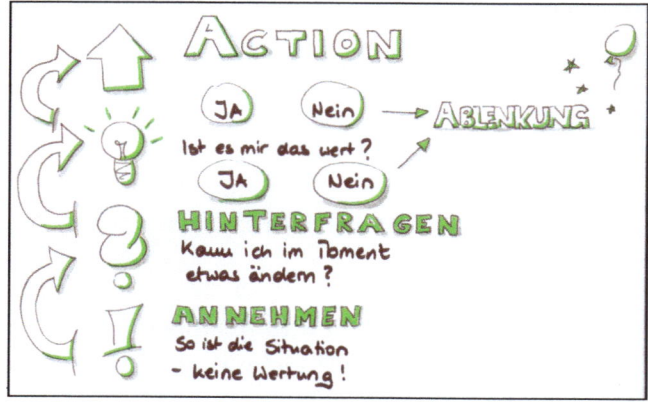

[1] SALVAGGIO, Nikolina (2016), fitmedi – Akademie für freie Gesundheitsberufe: Handbuch/Skript zur Ausbildung Stressmanagement Trainer/in

Mit den folgenden Fragen fährst du nur noch so lange im Gedankenkarussell, wie es dir Spaß macht:

Überlege dir wieder eine Situation, die dir zu schaffen macht und die du beim nächsten Mal gern anders meistern möchtest. Eine Situation, in der sich vielleicht auch deine Gedanken im Kreis drehen. Dann entscheidest DU: Ablenkung oder Aktion!

Du hast Zettel und Stift zur Hand? Dann geht es los:

Halte als erstes deine Situation fest – ohne Wertung! Einfach nur: So ist es! (**A**nnehmen)

Dann frage dich: Kann ich an der Situation etwas ändern? (**H**interfragen)

Falls NEIN: Ablenkung ist das Mittel der Wahl. Wenn du nichts ändern kannst, spare deine Kraft für etwas, worauf du Einfluss hast!

Falls JA: Dann geht es weiter mit der nächsten Frage:

Ist es mir die Sache wert? Deine Antwort ist „JA". Prima, dann los! (**A**ktion)

Jammer nicht weiter; tu, was du tun kannst. Allein dadurch, dass du ins Handeln kommst, wird es dir schon besser gehen – unabhängig vom Ergebnis. Nicht immer erreichen wir, was wir wollen. Mehr als alles in deiner Macht stehende kannst du aber nun mal nicht tun – lass dir auch von niemandem etwas anderes einreden!

Falls deine Antwort auf die Frage „Ist es mir die Sache wert?" NEIN ist – ebenfalls nicht weiter jammern. Du triffst die bewusste Entscheidung! Stecke ab sofort deine Kraft in Dinge, die es dir wert sind!

(**A**blenkung)

Erfahrungsgemäß sind unsere Gedanken hartnäckig. Verzweifle also nicht, wenn du einer Fahrt im Gedankenkarussell mal nicht widerstehen kannst. Das ist normal und geht uns allen so. Aber du weißt ja: Nur noch eine Runde – sonst wird es zu teuer!

Achte auf deine Gesundheit und mache dir nicht zu viele Sorgen. Schon der Dalai Lama sagte: „Wenn ein Problem gelöst werden kann, braucht man sich keine Sorgen zu machen. Wenn nicht, sind Sorgen sinnlos."

In diesem Sinne geht es sorglos und entspannt weiter mit der nächsten Geschichte.

2. Dein innerer Beraterstab

Anna mag Katrin. Seit fast 20 Jahren sind sie schon befreundet. Genau genommen sind sie beste Freundinnen, seit sie am ersten Schultag nebeneinandergesessen haben.

Über die Jahre ist die Freundschaft gereift und gewachsen. Beide Frauen haben Liebeleien gehabt und sich gegenseitig bei Liebeskummer getröstet. Die ersten Jobs, ein paar gemeinsame Urlaube und viele Partys haben ein buntes Potpourri an Erinnerungen geschaffen, das die beiden zusammenschweißt.

Mittlerweile sind beide „erwachsen" geworden und haben feste Partner gefunden. Katrin ist verheiratet, arbeitet Vollzeit als Kundenberaterin bei einem Telekommunikationsunternehmen und spielt nebenbei Volleyball. Anna ist freie Journalistin und immer wieder für Recherchen unterwegs – auch im Ausland. Die Frauen sehen sich in den letzten Jahren nur noch unregelmäßig – was der Freundschaft allerdings keinen Abbruch tut.

Nach Langem haben sie es geschafft, einen gemeinsamen Termin zu finden. Beide freuen sich seit Wochen darauf, endlich mal wieder bei einer Flasche guten Weins bei ihrem Lieblingsitaliener in der Stadt zu sitzen, Antipasti zu genießen und stundenlang zu reden.

Als der Abend unmittelbar bevorsteht, ist allerdings plötzlich alles anders: Während Katrin sich super auf das Treffen freut und Anna nachmittags das noch einmal in einer SMS schreibt, geht es bei Anna hoch her. Ein Auftrag ist dazwischen gekommen, der Abgabetermin steht unmittelbar bevor, und obwohl sie so stolz auf gerade diesen Auftrag ist, sitzt ihr der Stress jetzt im

Nacken. Natürlich schafft sie es, denn sie ist sehr gewissenhaft und um 18 Uhr schickt sie die E-Mail an den Verlag und einen Stoßseufzer gen Himmel. Sie lehnt sich in ihrem Schreibtischstuhl zurück, ihren Kopf weit in den Nacken gelegt.

In Gedanken lässt sie sich ein Bad ein, zündet ihre Lieblingsduftkerzen an und gönnt sich eine kühle Weinschorle. Sie lächelt und rollt ihren verspannten Nacken. Dann plötzlich fällt ihr die Verabredung mit Katrin ein und sie zuckt zusammen.

„Oh nein", denkt sie, „dazu habe ich heute echt so gar keine Kraft und Lust mehr." Sofort meldet sich das schlechte Gewissen und sie möchte sich innerlich ohrfeigen. Ihre liebste Katrin, ihre beste Freundin, dieser wundervolle Mensch, der immer für sie da ist – und sie ist so egoistisch und kann sich

nicht einmal aufraffen, sich auf ein Glas Wein mit ihr zu freuen.

Sofort geht ein Teufelskreis los an Gezänk zwischen Engelchen und Teufelchen, ob sie gehen soll oder lieber nicht. Und das Vertrackte an der Situation: Egal, wie sich Anna am Ende entscheidet, es wird ein fauler Kompromiss sein, und sie wird sich so oder so nicht wirklich wohl damit fühlen.

2.1. Ein echter Kompromiss muss her – doch wie?

Wie gelangt man denn aber nun zu einem echten Kompromiss, hinter dem man stehen kann – auch morgen noch oder auf Rückfrage?

Ganz einfach: Mit sachkundiger Unterstützung! Das klingt jetzt im ersten Moment vielleicht etwas langwierig und schwierig zu realisieren, aber du wirst gleich bemerken, wie leicht es in Wirklichkeit ist.

Die Methode wurde von uns entwickelt nach dem Vorbild des Inneren Teams. Dieser Begriff wiederum wurde ursprünglich von dem Kommunikations–wissenschaftler Friedemann Schulz von Thun geprägt.

Hier ein Auszug von der Website zur Definition:
www.schulz-von-thun.de/die-modelle/das-innere-team

„Willst du ein guter Kommunikator sein, dann schau' auch in dich selbst hinein!" Mit dem Modell des Inneren Teams folgen wir dieser Empfehlung und betrachten die „Innenseite" der Kommunikation genauer.

Wenn wir in uns hinein hören, finden wir dort selten nur eine einzige „Stimme", die sich zu einer bestimmten Situation oder einem Thema zu Wort meldet. In der Regel stoßen wir vielmehr auf verschiedene Anteile, die sich selten einig sind und alles daran setzen, auf unsere Kommunikation und unser Handeln Einfluss zu nehmen.

Ein Miteinander und Gegeneinander finden wir demnach nicht nur zwischen unterschiedlichen Menschen, sondern auch innerhalb jedes einzelnen.

Und so ein zerstrittener Haufen an Stimmen im Inneren kann überaus lästig und quälend sein und sogar zur Verhaltenslähmung führen. Allerdings handelt es sich dabei noch nicht um eine seelische Störung, sondern um einen ganz normalen Zustand.

Diese „innere Pluralität" ist letztlich sogar wünschenswert. Wenn nämlich aus dem zerstrittenen Haufen ein Inneres Team wird, werden Synergieeffekte freigesetzt. Diese rühren vor allem daher, dass die „vereinten Kräfte" mehr Weisheit in sich tragen, als eine einzelne Stimme allein.

Und nur wenn ich im Inneren „alle beisammen" und vereint habe, kann ich nach außen hin klar, authentisch und situationsgemäß reagieren. Die Herausforderung besteht darin, die geeigneten inneren Mitglieder zu einem gegebenen Problem zu identifizieren, zu Wort kommen zu lassen und in einer „inneren Ratsversammlung" zur Zusammenarbeit zu bewegen.

In unserem Fall haben wir dieses Modell erweitert zum inneren Beraterstab, der wie ein mächtiges, rückenstärkendes Instrument immer da ist, wenn du kühle, kluge, kreative und andersdenkende Menschen brauchst.

2.2. In drei Schritten zum Kompromiss

Schritt 1: Wer ist denn sachkundig? Na, du – und jeder, den du in deinen inneren Beraterstab berufst.

Der innere Beraterstab ist wie zuvor erwähnt ein Kreis von Unterstützern, der weit über Engelchen und Teufelchen hinausreicht. Hier sitzen Menschen, die du für klug hältst, deren Ansichten dir wichtig sind und deren Meinung du schätzt. Dieses können reale Personen sein oder Künstler, Politiker, Würdenträger, Wissenschaftler ... – lebend oder tot. Schlicht Figuren, die dich inspirieren.

Also zurück zu Anna: In ihrem inneren Beraterstab sitzen ein Dschinn (ein Flaschengeist), Charly Chaplin, D a g o b e r t D u c k u n d i h r e v e r s t o r b e n e Lieblingsgroßmutter.

Ihre jeweiligen Rollen sind: Der Dschinn ist der gute Geist, der alles erst einmal für möglich hält und gegebenenfalls ein Wunder heraufbeschwören, wenn nötig. Er hat fantastische Ideen und unterstützt Anna bei den verrücktesten Plänen mit den kreativsten Argumenten – durch ihn hat sie sich schon auf zahlreiche waghalsige Reportagen eingelassen und wenn sie eines Tages den Pulitzer gewinnt, dann wird es sein Einfluss sein, der sie dahin gebracht hat, da ist sie sich sicher.

Charly Chaplin ist der Spaßvogel in der Runde, aber einer mit Vision und einem guten Riecher für den Puls der Zeit. Obwohl er immer eine Prise Humor in ihre Diskussionen bringt, steht er in ihrem inneren Team auch für den perfekten Zeitpunkt, um ein Projekt erfolgreich zu realisieren.

Dagobert Duck ist Annas Finanzchef. Er analysiert, kalkuliert und ist im Zweifelsfall eine ziemliche Spaßbremse. Allerdings hat sie dank seiner auch immer alle Risiken und möglichen Gründe zum Scheitern ihres Projektes im Vorweg im Blick und kann sich rechtzeitig Alternativen und Auswege überlegen.

Die Letzte im Bunde ist ihre Großmutter, die ihre persönlichen Zweifel ausräumt, denn Anna hat viele Zweifel an sich und ihren Fähigkeiten. Und wenn sie gerade wieder einmal gar nicht an sich glauben kann, dann ruft sie ihre verstorbene Großmutter in den inneren Beraterstab, die mit unerschütterlichem Glauben an ihre Enkelin zur Stelle ist und ihr die Augen öffnet für ihre persönlichen Qualitäten und Stärken. Und auch wenn es um Kompromisse geht, ist ihre Großmutter immer der ausgleichende Charakter in ihrem inneren Beraterstab.

Schritt 2: Die Teamsitzung

Anna sitzt in ihrem Arbeitszimmer und hat in ihrer Erschöpfung ihren inneren Beraterstab angerufen. Statt also nur Engelchen und Teufelchen zuzuhören und sich dabei schlecht und klein zu fühlen, übergibt sie jetzt ihr Dilemma dem Beraterstab und die schreiten sofort beherzt zur Tat.

Dagobert hat schon mal ausgerechnet, dass es einer so langjährigen Freundschaft wohl kaum einen Abbruch tut, wenn Anna einmal absagen sollte.

Die Großmutter nickt zustimmend, gibt aber zu bedenken, dass es Anna auch gut tun könnte, ihre alte Freundin zu sehen und aus dem Treffen mit positiver Energie gestärkt herauszukommen.

Der Dschinn bietet an, eine Zeitschleife zu kreieren oder eine Spiegel-Anna zu erschaffen, damit Anna an zwei Orten zugleich sein kann – zu Hause in ihrer Wanne und beim Italiener mit Katrin. Dagobert rückt bei so einem fantastischen Vorschlag vielleicht seine Brille zurecht und wirft ihm einen strengen Blick zu (obwohl im inneren Beraterstab ja grundsätzlich nicht kritisiert wird, aber die liebevollen Neckereien und vor allem die verrückten Ideen des Dschinn bringen Anna wenigstens für einen Moment zum Schmunzeln).

Charly Chaplin meldet sich zu Wort und gibt zu bedenken, dass aus einer Aktion zum falschen Zeitpunkt im besten Fall nichts, im schlimmsten etwas Dummes wird. Sprich, wenn Anna gehen sollte, obwohl sie erschöpft ist, kann es sein, dass es okay ist; aber es könnte auch sein, dass aus einem falschen Wort zur falschen Zeit womöglich ausgerechnet heute ein dummes Missverständnis wird, und dann käme es zum Streit – und wer wollte denn das?

Die Großmutter stimmt ihm zu und ergänzt: „Aber bedenke auch, dass Katrin dich sehr gut kennt. Sie kann dich auch wieder aufbauen. Gib ihr doch die Chance, selbst zu entscheiden, ob sie sich auf dich und deinen heute erschöpften Zustand einlassen kann?"

Mit diesem Vorschlag ist auch der restliche innere Beraterstab einverstanden.

Schritt 3: Teamentscheidung anerkennen und konsequent umsetzen

„Das ist es", freut sich Anna und folgt dem Ergebnis ihres inneren Beraterstabes. Ohne zu zögern, holt sie ihr Handy heraus und ruft Katrin an. Die hört ihr aufmerksam zu, als Anna ihre Situation schildert, und bietet ihr spontan eine Lösung an, auf die weder Anna, noch ihr innerer Beraterstab gekommen sind: Sie kauft auf dem Weg eine Flasche Wein, Anna bestellt eine Pizza und sie treffen sich direkt bei Anna auf der Couch – denn klönen können sie schließlich überall und dann kann Anna jederzeit ins Bett fallen, wenn sie nicht mehr mag.

Dieser Vorschlag belebt auch Annas Geist wieder, und nun kann sie sich richtig auf den Abend freuen – einen vielleicht etwas kürzeren Abend ohne Aufbrezeln und lange Wege. Dank des inneren Beraterstabes hat sie sich getraut, der Freundin ihre Situation mitzuteilen, und am Ende hat diese die perfekte Lösung für beide.

Fazit: In diesem Fall haben wir ein scheinbar einfaches Beispiel gewählt, bei dem es am Anfang nach einer „Ja"- oder „Nein"-Entscheidung aussah. Am Ende hat sie sich als eher komplex entpuppt. Dank des inneren Beraterstabes wurde eine ganz andere, kreativere Lösung gefunden, die nichts von einer Notlüge oder einem faulen Kompromiss hatte, sondern ganz im Gegenteil. Es war für Anna die perfekte Lösung – und für Katrin gleich mit.

Folglich eignet sich die Methode des inneren Beraterstabes besonders gut, wenn es um komplexe Fragestellungen geht. Will ich den nächsten Karriereschritt oder dieses neue Jobangebot? Traue ich mich, meinen Lebenslauf für die ersehnte Weltreise zu unterbrechen? Wann ist der richtige Zeitpunkt, um zu heiraten oder eine Familie zu gründen? Kann ich mit einem Partner glücklich werden, der grundsätzlich andere Vorstellungen zum Thema Beziehung hat?, usw. Die Fragestellungen können weitreichend, grundsätzlich und für den Fragestellenden wahrlich weltbewegend sein. Dann ist der innere Beraterstab am effektivsten.

Natürlich stellen sich solche alles in den Schatten stellende Fragen nicht jeden Tag. Ein Glück! Denn wie alles, will auch die Arbeit mit dem inneren Beraterstab geübt werden. Deshalb lohnt es sich, heute direkt damit anzufangen, sodass du deinen ganz persönlichen Beraterstab bei der nächsten wichtigen Entscheidung parat hast und nur noch an den Konferenztisch bitten musst.

2.3. Übung: dein innerer Beraterstab

a) Wer gehört in deinen inneren Beraterstab?

Wähle hierfür 4 bis 6 Persönlichkeiten aus, die dich inspirieren, dir imponieren und von denen du einen nützlichen Beitrag zu deinem inneren Gespräch erwartest.

Dabei ist es unwichtig, ob du die Personen tatsächlich persönlich so gut kennst, dass ihre Ansichten deinem Bedarf entsprechen. Wichtig ist nur, dass sie deiner Meinung nach, so und so ticken und dich entsprechend beraten. Dieser Stimme, die du ihnen verleihst, darfst du voll vertrauen.

Deshalb ist es ja auch irrelevant, ob die Person lebt oder tot ist – oder nur in der Fantasie existiert. Interessant ist nur ihr jeweiliger Standpunkt und ob dieser möglichst neu oder sogar kontrovers in deiner inneren Runde ist.

Du brauchst noch einen Helden im Team? Superman soll immer wieder sehr schlagende Argumente haben.

b) Welche Attribute oder Charakteristika hat die jeweilige Person und welche Position nimmt er, sie oder es in deinem inneren Beraterstab ein?

Das ist in der Tat ein sehr wichtiger Punkt, den du dir gut überlegen musst. Damit jede einzelne Figur ihre Rolle in deinem inneren Beraterstab glaubhaft und vor allem für dich sinnvoll und überzeugend wahrnehmen kann. Denn nur dann, wenn ihre Beiträge authentisch sind, helfen sie dir wirklich weiter – und diese Charaktere dürfen dabei auch mehr als kontroverse

Ideen und Ansichten zu deiner eigenen Meinung haben. Genau das bringt dich voran!

Denk einmal zurück an Annas Beraterstab: Ein lustiger Dagobert wäre in der Runde seltsam gewesen, ebenso wie ein geiziger Dschinn.

Auch deine Figuren brauchen ihre festen Merkmale, um dich optimal beraten zu können. Lege also für jede Position des Beraterstabes ein Blatt an: Schreib den Namen des Beraters oben drauf, gib ihm einen Titel, vielleicht sogar ein Bild und liste alle Attribute darunter, die dir an ihm wichtig sind. Und dann sorge dafür, dass sie sich am Konferenztisch auch an ihre jeweilige Rolle halten.

Extratipp:

Am Anfang kann es helfen, die zu lösende Problematik jedem Charakter einzeln vorzustellen und sie erst einmal nacheinander zu befragen, ehe sie – wie bei Anna – bereits frei durcheinanderplappern dürfen.

Mit ein bisschen Übung gelingt es dir so, die einzelnen Stimmen und Positionen zu festigen, und dann wirst du sehr viel Spaß daran haben, ihnen auch bei einer freien Diskussion zuzuhören.

c) Stell sie auf die Probe – und den inneren Kritiker in die Ecke.

Wie gesagt, damit der innere Beraterstab optimal arbeiten kann, braucht es den einen oder anderen

Übungslauf. Also stell sie auf die Probe. Bei der nächsten Gelegenheit rufst du sie mal zusammen und lädst sie an den Konferenztisch. In der ersten Runde darf jeder einmal seine Meinung sagen, und wenn du mit der differenzierten Aussage, die sie treffen, zufrieden bist, kannst du sie in der nächsten Runde dazu einladen, frei zu diskutieren – und dann lass dich überraschen.

Nur einer hat in dieser Runde keine Stimme und muss in der stillen Ecke stehen: der innere Kritiker. Das ist nämlich kein Berater, der Argumente oder einen Standpunkt vorträgt, sondern das ist ein Nörgler und Zweifler, der nur ein Totschlagargument kennt: Das geht sowieso nicht. Deshalb darfst du auf seine Anwesenheit in deinem inneren Beraterstab getrost verzichten.

Diese Methode ist anders und ja, es ist im ersten Moment vielleicht etwas befremdlich, seinen diversen inneren Stimmen auf diesem Wege Gehör zu schenken. Vermutlich würde der innere Kritiker es schizophren nennen. De facto ist es jedoch ein sehr probates Mittel und ein wirkungsvolles Werkzeug, das in schwerwiegende Entscheidungen die nötige Leichtigkeit bringt und Ideen fördert, wo dringend neue Wege gefunden werden wollen.

Also scheu dich nicht, dem inneren Kritiker die rote Karte zu zeigen – er ist kein erwünschter Gast in deinem Beraterstab.

Alles klar? Dann los!

3. Stress lass nach, Internet komm wieder!

Mit frisch duftendem Kaffee startet Eva in ihren Heimarbeitstag. Als Projektleiterin erwartet sie ein ambitionierter Tagesplan und die Umsetzung beginnt genau jetzt!

Oder auch nicht, signalisiert ein gelbes Dreieck bei der Internetverbindung in der Statuszeile ihres Laptops.

„Bitte nicht", denkt Eva. Ohne Internet ist sie aufgeschmissen. Die ganzen Recherchen und Angebote …

Das Internet nimmt keine Rücksicht und ein klärender Anruf beim Internetprovider schießt katapultartig auf die Pole-Position ihrer To-do-Liste. Schwungvoll greift Eva erst zum Festnetztelefon, dann zum Handy. Jeweils mit dem gleichen Ergebnis: Eine Stimme verrät, dass Anrufe nicht möglich sind und sie den Anbieter kontaktieren soll.

„Super Idee und jetzt noch ein kleiner Tipp, wie es geht, wenn nichts geht", denkt Eva. Sie sprintet zu ihren Nachbarn im vorderen Haus. Hilde öffnet strahlend die Tür. Etwas außer Atem bittet Eva, mal kurz telefonieren zu dürfen. Eine Stunde, vier Minuten, drei Urlaubsanekdoten und zwei Gläser Wasser später ist Eva aus der Warteschleife des Internetproviders geflogen.

Frechheit – Eva knallt das Telefon wütend auf den Tisch.

Hans, Hildes Mann, stellt trocken und etwas amüsiert fest: „Dumm gelaufen", und „Du, wir müssen jetzt leider los, aber nett, dich mal wiedergesehen zu haben".

Eva lächelt trotz aufkommender Panik tapfer. Es ist schon elf Uhr und sie hat noch nichts geschafft. Sie muss heute mindestens drei Angebote recherchieren und versenden. Sonst ist die Katastrophe perfekt und ein Date im Chefzimmer fest gebucht. Ein Ohnmachtsgefühl macht sich breit. Eva hasst es, trotz sorgfältiger Planung nicht voranzukommen. Unverrichteter Dinge läuft sie im strömenden Regen zurück zu ihrem Haus und Anja, ihrer Doppelhausnachbarin, direkt in die Arme. Sie kennt Anja nicht gut und manchmal wirkt sie verschlossen, aber vielleicht ist sie die Rettung.

Egal – frei nach Demokrit: „Mut steht am Anfang des Handelns, Glück am Ende", schildert Eva Anja ihre Lage und wird positiv überrascht. Anja ist sehr nett. Eva darf die wichtigsten Dinge direkt über Anjas WLAN erledigen und später sogar das Telefon mit zu sich nehmen. Der Rest muss halt bis morgen warten, auch wenn das Evas eigenen Ansprüchen nicht genügt.

Immerhin erreicht sie den Telefonanbieter. Der Anschluss wurde gesperrt, weil die Rechnung nicht bezahlt wurde! Das kann nicht sein. Sie hat seit Jahren eine Einzugsermächtigung und erfreulicherweise auch Geld auf dem Konto. Daran liegt es am Ende auch nicht, sondern es ist schlicht ein Fehler des Telefonanbieters. Trotzdem kann der Anschluss erst wieder freigeschaltet werden, wenn Eva den falschen, viel zu hohen Rechnungsbetrag überwiesen hat. Warum sie sich so aufregen würde, so wäre das nun mal, schallt es Eva entgegen, und dann – klack, Ende aus.

„Frechheit", denkt Eva zum zweiten Mal an diesem Tag und fühlt sich total ungerecht behandelt. Ihre Laune ist im Negativbereich der Stimmungsskala angekommen. Ein ungünstiger Moment, denn die Familie wartet mittlerweile bereits mit dem Abendessen. Endlich sitzen alle am Tisch. Ehemann Kurt und die Kinder Tim und Paul versuchen Eva aufzuheitern – nett gemeint, aber vergeblich. Sie ist total k. o. und will nur noch mit ihrer besten Freundin Nadja telefonieren. Mit ihr verbringt sie viel Zeit, und etwas Trost kann sie jetzt gut gebrauchen.

Nadja sagt zu Evas Tag jedoch lediglich: "Ach, blöd gelaufen", und fährt fort: „Weißt Du, was mir heute passiert ist?" Eva weiß es nicht und will es auch nicht wissen. Spätestens morgen wird Nadja es ihr ohnehin erzählen – ob sie will oder nicht. Eva ist traurig. Was für ein schrecklicher Tag. Sie hatte sich wirklich etwas Zuspruch von Nadja erhofft.

Ihre Gedanken schweifen zu Britta, einer Freundin von früher. Die war immer so einfühlsam. Seit sie weggezogen ist, hat Eva wenig Kontakt zu ihr. Schade eigentlich. Sie überlegt kurz. Ein Glück, dass sie das Telefon noch nicht an Anja zurückgegeben hat. Kurzentschlossen wählt Eva Brittas Nummer und lädt den Frust des Tages bei ihr ab. Mit Britta ist es wie früher. Endlich fühlt sie sich verstanden, und wenn sie sich ihren Tagesablauf mit etwas Abstand anschaut, muss sie an der einen oder anderen Stelle tatsächlich jetzt schon herzhaft lachen – zum ersten Mal an diesem Tag.

3.1. Geteiltes Leid ist halbes Leid!?

Welch ein Tag für Eva. So sorgfältig war alles geplant und dann läuft doch alles ganz anders. Wir alle können wahrscheinlich unzählige Begebenheiten aufzählen, wo uns die Technik oder sonstige Widrigkeiten einen Strich durch unsere sorgfältige Planung gemacht haben.

Oft fällt dann das Ende des Tages mit dem Ende unserer Kräfte auf den gleichen Zeitpunkt, selbst wenn wir – wie Eva – noch die wichtigsten Dinge geschafft haben. Meistens bleibt an solchen Tagen doch einiges liegen. Und worauf schauen wir am Ende des Tages? Richtig, auf das, was wir nicht geschafft haben. Nur die Glücksprofis unter uns freuen sich mehr über das Erreichte und Positive am Tag. Alle anderen sprechen lieber über das, was schlecht lief.

Ist geteiltes Leid dadurch halbes Leid? Kommt drauf an, mit wem man teilt.

Drillers & Fillers

„Wenn du einen Freund brauchst, kauf dir einen Hund", riet Gordon Gekko im Film „Wall Street". Das ist eine Möglichkeit. Menschliche Bindungen gehören jedoch zu unseren psychologischen Grundbedürfnissen (Deci und Ryan, 2000; Grawe, 2004). Es tut uns gut, uns zugehörig und mit anderen verbunden zu fühlen.

Wir sind gern für andere da, brauchen aber auch Selbstfürsorge. Vertrauensvolle Beziehungen zu einem oder mehreren anderen Menschen machen auf Dauer glücklicher als materielle Ziele. Sie sind essenziell für unser Wohlbefinden. Dabei gilt es jedoch genau zu schauen, mit wem wir unsere Zeit verbringen.

Es gibt Beziehungen zu anderen Menschen, die einen dauerhaft deutlich mehr Kraft kosten, als sie geben. Sie werden auch als „Drillers" bezeichnet. (to drill engl. bohren, an-, ausbohren) Evas Freundin Nadja zum Beispiel. Eva verbringt viel Zeit mit ihr, steht ihr immer mit Rat und Tat zur Seite, hat immer ein offenes Ohr. Wenn aber Eva nach einem für sie total misslungenen Tag Zuspruch braucht, tut Nadja es mit einem Satz ab und stellt sich sofort wieder selbst in den Mittelpunkt. Puh – anstrengend, nervig!

„Fillers" hingegen geben mehr Kraft, als sie nehmen. (to fill engl. für füllen, an-, auffüllen) Egal, wie schwierig, traurig, verzwickt die Lage erscheint. In ihrer Gegenwart scheint alles halb so schlimm – geteiltes Leid ist halbes Leid. Freundin Britta zum Beispiel: Sie nimmt Anteil, und obwohl der Tagesverlauf sich am Abend ja nicht mehr ändert, geht es Eva nach dem Telefonat deutlich besser. Sie kann jetzt über die eine oder andere Situation auch schon herzhaft lachen.

Aus solchen Begegnungen gehen wir ermutigt, gegebenenfalls mit neuen Plänen hervor. Humor ist, wenn man trotzdem lacht: Mit diesem Motto tragen „Fillers" erheblich zum Wohlbefinden bei – bei einem selbst und anderen.

Ob Lachen die beste Medizin ist, ist wissenschaftlich nicht erwiesen. Gesund ist es in jedem Fall. Wusstest du, dass, wenn wir in Stresssituationen lachen, sich die Ausschüttung der Stresshormone und der Herzschlag verlangsamen? Damit kann eine Minute Lachen so gesund sein wie zehn Minuten Joggen! Eine echte Alternative also! Lachen reduziert außerdem das Herzinfarktrisiko, steigert die geistige Leistungsfähigkeit, macht uns attraktiv und verbindet. Eine Win-win-Situation für uns und unsere Mitmenschen. Allein das Hochziehen der Mundwinkel für 60 Sekunden reicht aus, um Glückshormone auszuschütten.

Wer gibt dir Kraft? Wer raubt dir welche?

Wichtig: Bei deiner Entscheidung, ob eine Person eher „Driller" oder „Filler" für dich ist, geht es um eine längere Zeitraumbetrachtung. Beziehungen sind selten immer sofort ausgewogen. Das müssen sie auch nicht sein. Der Sinn von „geben" ist ja, es gern und freiwillig zu tun, ohne eine direkte Gegenleistung zu erwarten.

Oft finden wir uns jedoch in Schleifen wieder, in denen wir geben, geben, geben. Erst den kleinen Finger, und ehe wir uns versehen, ist der Arm weg ... Wie so oft im Leben kommt es auch hier auf eine gesunde Balance an. In diesem Sinne laden wir dich ein, dein persönliches Beziehungsdiagramm zu erstellen:

3.2. Übung: Beziehungsdiagramm

1. Schreibe in die Mitte einer Seite deinen Namen und umrande ihn.
2. Welche Personen spielen in deinem Leben eine Rolle? Egal, ob Familie, Freunde, Kollegen oder die Kassiererin im Supermarkt. Dabei geht es nicht nur um Menschen, mit denen du dich gut verstehst, sondern um alle, die für dich relevant sind. Gerade auch, wenn das Verhältnis vielleicht nicht so ist, wie du es dir vorstellst. Gibt es Menschen von „früher"? Schreibe ALLE auf und zwar ...
3. ... im jeweiligen Abstand zu deinem eigenen Namen – je nachdem, wie viel Zeit du mit den Personen verbringst.
   Schreibe den-/diejenige nah an deinen Namen, mit dem/der du die meiste Zeit verbringest. Setze die weiteren Namen so ein, dass der Abstand zu deinem Namen immer größer wird, je weniger Zeit du mit der Person verbringst. Am weitesten entfernt steht somit der Mensch, mit dem du am am wenigsten Kontakt hast.
4. Sind alle Namen eingetragen, umrande mit einem grünen Stift alle Personen, die dir Kraft geben, die dir guttun, mit denen du gern zusammen bist. Mit einem roten Stift umrande nun diejenigen, die dich langfristig Kraft kosten, die du als anstrengend erlebst, und zwar unabhängig davon, wie gern du die Person hast! Alle Namen ohne Umrandung sind für dich neutral.

Fertig ist dein persönliches Beziehungsdiagramm! Ist

es für dich stimmig? Gut, dann kommt jetzt die Auswertung:

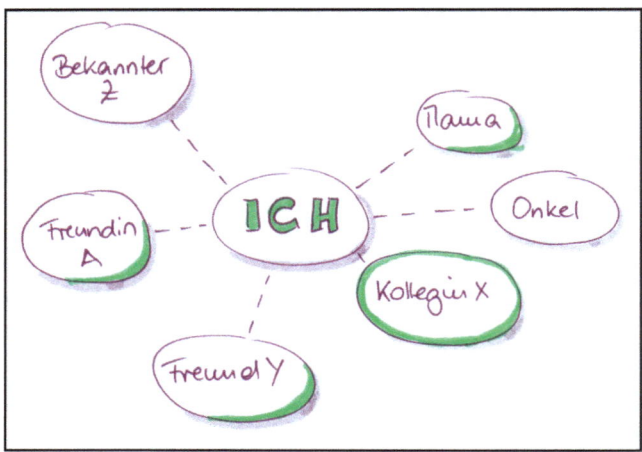

Verbringst du deine Zeit überwiegend mit Menschen, die dir guttun? Oder gibt es „Driller" mit denen du viel Zeit verbringst, und du fragst dich gerade, warum das eigentlich so ist? Willst du weiterhin so viel Zeit mit diesen Menschen verbringen? Falls ja: warum? Falls nein: Reduziere den Kontakt auf ein für dich stimmiges Maß.

Und wenn dabei herauskommt, gar keinen Kontakt mehr zu wollen? Das passiert öfter, als du denkst. Zugegeben, bei direkten Arbeitskollegen oder Nachbarn zum Beispiel hast du nicht immer die freie Wahl. Wenn du jemandem nur schwer aus dem Weg gehen kannst, hilft die Frage: Was müsste passieren, damit die Beziehung für mich positiver wird und was kann ich dazu beitragen? Wenn du dich zum Beispiel über deinen unordentlichen Kollegen ärgerst, der meistens „vergisst", die Ablage zu machen bzw. die Ordner an ihren Platz zurückzustellen, dann schau, was DIR helfen würde und was DU beitragen kannst. Optimal wäre natürlich, der Kollege würde sein Verhalten ändern – das kannst du aber leider nicht beeinflussen. Vielleicht würde es schon reichen, wenn er stattdessen andere Aufgaben übernimmt oder dir ab und zu einen Kaffee mitbringt? Manchmal kann auch sein „Bemühen" als Geste schon reichen. Du könntest ihn ansprechen und gemeinsam mit ihm nach einer Lösung suchen, anstatt dich immer wieder nur zu ärgern. Und wenn es keine gemeinsame Lösung gibt? Wenn du eine Situation nicht ändern kannst, kannst du immer noch deine Einstellung zu ihr ändern! Und mit etwas Humor geht es dir garantiert auch schon besser.

Mach dir einen Plan und probiere es aus!

Gibt es Menschen, zu denen du die Beziehung intensivieren willst? Prima! Das ist der Kern dieser Übung. Ruf sie an, schreib eine Nachricht an sie. Noch nie war es so leicht, mit anderen in Kontakt zu treten, wie heutzutage. Es gibt also keine Ausreden, es nicht zu tun. Es bedarf lediglich deiner Entscheidung.

Was wünschst du dir in welcher Beziehung? Wie kann die jeweilige Beziehung aussehen? Trage deinen Teil dazu bei. Ein persönliches Treffen ist sehr wertvoll.

Und was, wenn der Mensch, zu dem du die Beziehung intensivieren möchtest, weit weg wohnt und das mit dem Treffen nicht so leicht ist?

Ist für ein Treffen eine größere Entfernung zu meistern, kann das zusätzlichen Stress verursachen.

Merke: Es zählt der Kontakt, die Verbundenheit. Telefonate, Sprach- oder Textnachrichten sind besser, als nach einem Jahr festzustellen, dass es mit dem Treffen mal wieder nicht geklappt und man auch sonst nichts voneinander gehört hat.

Umgib dich mit deinen „Fillern". Du wirst feststellen, wie sich dies auf dein Wohlbefinden auswirken wird. Freu dich auf viele schöne Momente und lass dich von der Wirkung positiver Emotionen überraschen.

3.3. Broaden-and-build-Theorie

Wie positive Emotionen unsere Wahrnehmung erweitern (broaden) und wir dadurch Ressourcen aufbauen (build), wurde von Barbara Fredrickson vorgestellt und seitdem vielfach durch Studien bestätigt.

Sie betrachtet die folgenden zehn positiven Emotionen:

Freude	Dankbarkeit
Heiterkeit / Gelassenheit	Interesse
Hoffnung	Stolz
Inspiration	Vergnügen
Ehrfurcht	Liebe

Unser Gehirn macht es möglich. Die Art und Weise, wie es positive Emotionen verarbeitet, erweitert (broaden) unsere Sicht auf die Welt.

Dadurch wird langfristig unsere Kreativität, Flexibilität, aber auch unsere Resilienz, die seelische Abwehr, unterstützt. Eine tolle Sache, denn so gehen wir offen und interessiert durch die Welt. Wir lernen Neues kennen, probieren gern mal etwas aus und lassen uns auch von Rückschlägen nicht so leicht beeindrucken. Das baut (build) langfristig Ressourcen auf:

- Körperlich: Immunstärke – wir werden seltener krank bzw. schneller wieder gesund
- Sozial: positive Beziehungsqualität – umgib dich mehr mit Menschen, die dir guttun
- Intellektuell/emotional: Optimismus, Sinnerleben, Achtsamkeit

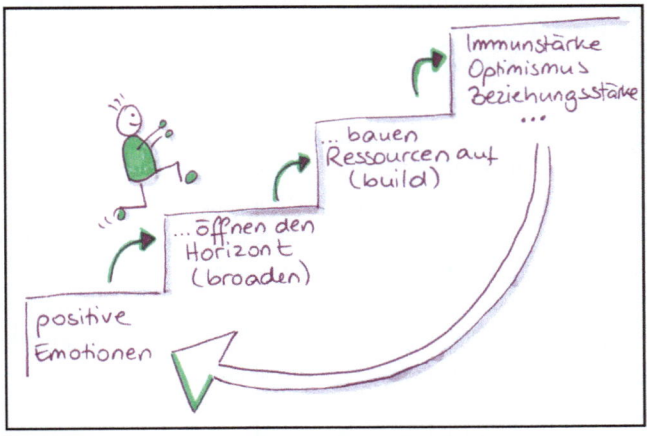

Auf diesen Ressourcentank können wir in der Achterbahn des Lebens bei Bedarf zurückgreifen. Ein unterstützendes Gefühl, durch das wir wiederum positive Emotionen erleben, weitere Ressourcen aufbauen. Und so geht es immer weiter: eine Aufwärtsspirale!

Also: Positive Emotionen – immer her damit!

3.4. Haben wir eigentlich mehr positive oder mehr negative Emotionen?

Die gute Nachricht: Positive Emotionen sind im Durchschnitt häufiger als negative. Der Haken: Wir nehmen negative Emotionen im Alltag schneller wahr und schenken ihnen mehr Aufmerksamkeit. Ungünstigerweise bleiben negative Emotionen auch länger im Gedächtnis – willkommen im Problemfokus! Es sind nachweislich jedoch die positiven Emotionen, die unsere Kreativität steigern, zu stabilen Beziehungen und unserer Gesundheit beitragen.

Merke: Große, wundervolle Glücksmomente sind toll. Dauerhaft zufrieden machen uns nachweislich aber mehr die kleinen, schönen Momente.
Es ist nämlich nicht so sehr die Intensität, sondern die Häufigkeit und Regelmäßigkeit positiver Emotionen, durch die in unserem Gehirn Netzwerke gebildet werden. Dadurch wird unser Glücksareal im Gehirn trainiert – wie ein Muskel.

Denk zurück an Eva. Vor ihrem Telefonat mit Britta freuen sich die negativen Gedanken über die vordersten Plätze auf Evas Befindlichkeitsbarometer und sie denkt:

„Was für ein schrecklicher Tag!" Natürlich ist ein Technikausfall anstrengend, unfaire, freche Behandlung und Ignoranz durch Mitmenschen fühlen sich schlecht an. Doch was ist gut gelaufen an diesem Tag? Was war schön? Nun, Eva hat die wichtigsten Dinge ihrer Arbeit geschafft – immerhin, das war unter den Umständen doch schon mal was! Sie hat viel Unterstützung von ihren Nachbarn erfahren – toll, das hat nicht jeder. Hilde und Hans hat sie endlich mal wiedergesehen, die Beziehung zu Nachbarin Anja sich verbessert, ihre Familie hat sich um sie bemüht, und mit Schulfreundin Britta ist sie endlich wieder enger im Kontakt – wunderbar. Die Liste lässt sich um ein Vielfaches erweitern.

So ist es bei jedem von uns, wenn wir mit offenen Sinnen durchs Leben gehen: Ein duftender Kaffee (Geruch), die Sonne (Gefühl), ein Eichhörnchen im Garten (Sehen), ein leckeres Eis (Geschmack), das Lieblingslied (Gehör) – wir müssen diese Momente nur bewusst wahrnehmen.

Studien belegen: Glückliche Menschen sind nicht nur gesünder und leben länger. Sie sind sozial kompetenter und attraktiver für andere. Sie haben stabilere Beziehungen, größere soziale Netzwerke, mehr Erfolg im Beruf und bessere Strategien, um mit Rückschlägen umzugehen.

Mit dem Glück ist es also ganz einfach:
Wahrnehmen – freuen – Wohlbefinden!

3.5. Übung 1: Positiver Tagesrückblick

Nimm dir mindestens eine Woche lang jeden Abend Zeit, den Tag Revue passieren zu lassen. Reflektiere die positiven Momente anhand der folgenden beiden Fragen:

1. Was war heute schön?
2. Warum war es schön bzw. wie habe ich bewusst dazu beigetragen?

Schreibe mindestens drei schöne Dinge pro Tag auf und beobachte, wie sich deine Stimmung dadurch ändert.

Hier zwei Antwortbeispiele auf die obigen Fragen:
1. Ich war heute beim Sport.
2. Danach fühlte ich mich richtig gut bzw. statt mich auf das Sofa zu setzen, bin ich direkt ins Sportstudio gefahren.

Oder:
1. Die Sonne schien, es war herrlich.
2. Die Wärme tat mir gut bzw. ich habe mir in der Mittagspause bewusst Zeit genommen, die Sonne zu genießen.

3.6. Übung 2: Positives Portfolio

Ein positives Portfolio – engl. Positive Portfolio - kannst du für jede der zehn positiven Emotionen erstellen und als Trumpf im Alltag einsetzen.

So funktioniert's:

Freude	Dankbarkeit
Heiterkeit / Gelassenheit	Interesse
Hoffnung	Stolz
Inspiration	Vergnügen
Ehrfurcht	Liebe

Wähle aus der Liste der positiven Emotionen diejenige aus, zu der du die stärkste Verbindung spürst.

Was bringst du mit dieser Emotion in Verbindung?

Wann hast du sie intensiv erlebt? Was hat sie ausgelöst?

Welche Aspekte sind im jeweiligen Kontext wichtig?

Finde Gegenstände, Bilder usw., die du mit dieser Emotion verbindest, die dir helfen, sie zu empfinden, sich an sie zu erinnern. Sammele alles und wähle ein Format für dein persönliches Portfolio:

Es kann ein Fotoalbum sein (mit eigenen Fotos oder Bildern aus dem Internet), eine Schatzkiste mit Gegenständen, eine Collage, ein Ordner mit Bildern auf dem Smartphone oder, oder, oder – deiner Kreativität sind keine Grenzen gesetzt.

Konzentriere dich mehrere Tage intensiv auf das Gefühl und seine Quellen, spüre die Wirkung und nutze diese im Alltag. Dein positives Portfolio unterstützt dich dabei.

In schwierigen Situationen umschalten:

Wähle dein Portfolio so, dass du es ganz oder teilweise immer bei dir hast. Wenn negative Emotionen sich im Alltag in den Vordergrund drängen, bietet der Gegenstand eine Möglichkeit, schnell und effektiv umzuschalten.

Anker für neues Verhalten:

Oft nehmen wir uns vor, uns in bestimmten Situationen anders zu verhalten als bisher. Erfahrungsgemäß leichter gesagt als getan. Richte beim ersten unerwünschten Anzeichen deinen Fokus auf das Portfolio bzw. den Gegenstand und nutze ihn als Anker für die Aufwärtsspirale positiver Emotionen.

Extratipp:

Lege verschiedene Positive Portfolios für unterschiedliche Emotionen an. Dann hast du immer die Wahl, welches Portfolio dir gerade am meisten hilft. So kannst du immer mal wechseln und ein anderes positives Portfolio bei dir haben.

4. Wenn schon, denn schon
   – „halbscheiße" gibt's halt nicht

Max ist erfolgreich. Auf der ganzen Linie. Er hat einen tollen Job als Immobilienmakler, fährt ein neues BMW Cabrio und lebt in einer angesagten Gegend in einer schicken Wohnung. Er mag sein Leben, er liebt sein Leben – solange er es unter Kontrolle hat.

Heute hingegen ist eher so ein Tag, den er gern streichen würde. Beim Losfahren ist er nur ein wenig spät dran, aber schon nach einem Kilometer steckt er im Stau. Der Verkehr kriecht zähflüssig dahin und es dauert eine gefühlte Ewigkeit, bis er endlich ein Schild erblickt, das darauf hinweist, dass die Straße vor ihm nur einspurig befahrbar ist. Die verflixte Baustelle wegen der zu erneuernden Wasserrohre. Seit Wochen hatte er die Schilder unbewusst gelesen und am Ende ist ihm das Datum doch völlig entfallen. Genervt schaut er auf seine teure Armbanduhr und versucht dann vergeblich auszuscheren, um abzubiegen. Spät dran ist mittlerweile gar kein Ausdruck mehr.

Ebenso erfolglos versucht er eine Abkürzung zu finden, die nicht schon Hunderte Autos vor ihm gefunden haben. Der Verkehr quält sich mühsam voran – und schon wieder ist eine Ampel rot. Ungeduldig trommelt er mit den Fingern aufs Lenkrad. Der Minutenzeiger kriecht unbarmherzig weiter und schließlich greift er fluchend in die Innentasche seines Sakkos. Er muss seine Sekretärin anrufen, denn seinen ersten Termin kann er unmöglich schaffen.

Er greift ins Leere und ein Anflug von Panik erfasst ihn. Wo ist sein Smartphone? Er tastet hastig alle anderen Taschen ab, aber es ist nicht da, und auch in der

Mittelkonsole findet er es nicht …

An der nächsten Ampel, seine Gedanken jagen sich, seine Pulsfrequenz steigt, seine Hände wringen das Lenkrad, fällt es ihm siedend heiß ein: Es hängt noch am Ladekabel auf der Küchenzeile.

Max schließt die Augen und versucht sich zu beruhigen. Wenn er eines nicht braucht, dann sind es zusätzlich auch noch Schweißränder in seinem Lieblingshemd.

Während er immer noch nach einer schnelleren Route sucht, überlegt er fieberhaft, wie er den verpatzten Tagesanfang wieder aufholen soll, und dann passiert es – es knallt unter ihm und beim Gasgeben heult der Motor furchtbar auf, als würde er versuchen, im ersten Gang 100 km/h zu fahren.

Fluchend steuert Max das Auto an den Straßenrand und schaltet die Warnblinkanlage ein. Er reißt die Autotür auf und wird um ein Haar von einem SUV umgefahren. Beide Fahrer fuchteln sich wütend hinterher.

Max stampft um das Auto, reißt die Motorhaube hoch – und starrt auf die Plastikabdeckung des Motorraumes. Die Ader an seinem Hals pulsiert gefährlich. Was hat er erwartet? Er ist kein Mechaniker, genau genommen hat er nicht den Schimmer einer Ahnung von Autos und diese neumodischen Dinger lassen auch nur noch echte Profis an sich ran. Frustriert wirft er die Motorhaube wieder zu – und greift erneut reflexartig ins Leere auf der Suche nach seinem Smartphone. Jetzt ist ihm doch der Schweiß ausgebrochen. Hektisch blickt er sich um. Gefühlt steht er im Nirgendwo.

Hilflosigkeit treibt seinen Frust wie der Matador den

Stier mit einem roten Tuch vor sich her, da fällt sein Blick zufällig auf ein U-Bahn-Schild. Da Max kein Freund von „Problemorientierung" ist, sondern sich lieber mit Lösungen befasst, fasst er blitzartig einen Entschluss: Ohne Handy kann er weder einen Abschleppwagen noch die BMW-Hilfe anrufen und sich ebenso wenig im Büro melden. Also muss er so schnell wie möglich ins Büro, um von dort aus telefonieren zu können und alles Weitere zu regeln. Soweit so gut. Er greift sich seine Tasche, wirft sich sein Sakko über den Arm und wirft die Autotür ins Schloss. Er hastet in die U-Bahn-Station, orientiert sich und sprintet zum richtigen Gleis. Er sieht die U-Bahn und es ergreift ihn ein kurzer Moment des Glücksgefühls.

„Ich bin eben doch ein Erfolgskind", freut er sich schon, während er die Treppe hinunterspringt und das Signal überhört. In diesem Moment schlägt ihm die Tür vor der Nase zu. Fassungslos starrt er der abfahrenden U-Bahn hinterher. Mit letzter Kraft beherrscht er sich, atmet tief durch und sieht sich suchend um. Das Schild über dem Bahnsteig sagt erst neun Minuten an, doch – wie sollte es heute anders sein – springt die Anzeige um auf: „Bitte achten Sie auf die Anzeige am Zug", und der Lautsprecher erwacht zum Leben: „Aufgrund einer Signalstörung verzögert sich die Einfahrt der

weiteren Züge Richtung Innenstadt voraussichtlich um einige Minuten."

Jetzt reißt Max der Geduldsfaden. Wutentbrannt feuert er seine Tasche und seine Jacke auf den Boden und flucht dabei so lautstark, dass einige Passanten ihn irritiert anblicken und dann schleunigst Abstand gewinnen.

4.1. Wie ein Schokoriegel den Weltfrieden retten kann

Klingt nach einem typischen Fall von Freitag der 13.? Oder einfach nach einem echten Kontrollverlust! Vermutlich kennst du solche Tage. Na ja, so oder so ähnlich zumindest. Tage, die einfach an unseren Nerven zerren! Und je nachdem, was du für ein Typ bist, gelingt es dir ebenso wenig wie Max, sie unter Kontrolle zu bringen oder deinen eigenen Kontrollverlust zu vermeiden. Auch deine Reaktion kann eine ganz andere sein als bei Max. Vielleicht platzt dir der Kragen, vielleicht reagierst du cholerisch gegen dich oder andere, vielleicht kehrst du dich aber auch ganz nach innen und der Ärger zerfrisst deine Seele. Egal wie, über kurz oder lang wird der nicht sachgemäße Umgang mit so einem Tag dir ernsthaft Schaden zufügen. Wenn man jetzt nur aus der eigenen Haut, aus dem eigenen Hamsterrad könnte, einmal kurz aussteigen und eine Runde zuschauen, wie sich der Wahnsinn ohne uns dreht – aber genau das gelingt uns meist dann nicht, wenn wir es am nötigsten brauchen.

„Die reinste Form des Wahnsinns ist es, alles beim

Alten zu belassen und zu hoffen, dass sich etwas ändert."
(Albert Einstein)

Der Trick ist also, etwas bewusst anders zu machen. Aber anders als was? Wenn wir uns erst einmal so richtig verrannt haben in einer Idee, einem Moment, ist es häufig schwer, den Ausstiegsknopf zu finden.

Tatsächlich gibt es jedoch einige sehr gute Möglichkeiten, sich eine Atempause zu verschaffen.

Zunächst könntest du aufhören, immer wieder mit dem Kopf gegen die Wand zu rennen.

Erster Schritt: stehen bleiben.

Zweiter Schritt: durchatmen.

Und in der Sekunde, wo du dich aus deinem eignen Hamsterrad befreist, indem du einfach nicht mehr weiterrennst, sondern bewusst innehältst und durchatmest, hast du die Chance, etwas wirklich anderes zu tun.

Besonders gut für solche Augenblicke eigenen sich Mini-Meditationen, die sich in wenigen Minuten realisieren lassen. Nun werden viele Meditationserfahrene vielleicht behaupten, dass man in fünf Minuten gar nichts verändern kann. Dem möchten wir hier mit liebevollem Nachdruck widersprechen: Du kannst immer etwas verändern – auch in kürzester Zeit.

Das ist wie ein kurzes Reset – für Geist und Körper. Mittlerweile sind die positiven Effekte von Meditation weithin bekannt. Regelmäßiges (längeres) Meditieren hat nachweislich physiologische Auswirkungen, die wissenschaftlich gut belegt sind: Der Blutdruck sinkt, Atem- und Herzschlagfrequenz regulieren sich. Auf Dauer wirkt sich regelmäßige Meditation sogar gewinnbringend auf die Stärkung des Immunsystems aus. Auch im Hirn kommt es zu messbaren Änderungen, wie Studien der Universitäten Gießen und Harvard nachgewiesen haben: die Dichte der grauen Substanz an der Amygdala verringert sich, welche für die Verarbeitung von Stress und Angst wichtig ist, dafür vermehrt sich die Dichte im Hippocampus und Regionen, die für Selbstwahrnehmung und Mitgefühl zuständig sind.[2]

Am wichtigsten ist aber, dass ein kleines Innehalten noch etwas anderes möglich macht: Ein Umdenken! Also gönn dir einen Moment – einen Moment nur für dich. Und jetzt kommen wir zur Schokolade!

4.2. Mini-Meditationen

Zunächst stell dir die Frage: „Was bin ich für ein Typ?" Eher in mich gekehrt, oder bin ich ein „Draußen-", ein Bewegungsmensch? Brauche ich ein Erlebnis für die Sinne oder kann ich gut fokussieren? Für jeden gibt es die perfekte Art zu meditieren, und hier kommen vier kurze Beispiele:

---

[2] http://www.epochtimes.de/gesundheit/meditation-baut-gehirnzellen-auf-a1307437.html

4.2.1. Die Herzatmung

Setz dich hin, mach es dir bequem und schließ dann die Augen. Das hilft gerade Meditationsneulingen dabei, das Außen besser auszublenden. Nimm ein paar tiefe Atemzüge. Versuch gar nicht, Dinge, die nun einmal da sind, auszublenden, sondern lass sie einfach sein, was auch immer sie sind. Geräusche, Gerüche, ein Jucken, ein Gedanke, egal, was es ist, es ist okay, aber du konzentrierst dich einzig und allein auf deinen Atem. Spüre, wie er durch die Nase in dich hinein und durch deinen Mund wieder herausfließt.

So weit, so gut? Perfekt. Dann lenkst du jetzt den Atem zu deinem Herzen. Falls du deinen Herzschlag aufgrund der ganzen Aufregung nicht sofort spüren kannst, hilft es manchmal, die flache Hand auf die unteren Rippen zu legen (leicht links vom Solarplexus). Nun spürst du den Herzschlag sicher. Beobachte einfach mit den nächsten Atemzügen, was es mit ihm macht, wenn du ruhig ein- und ausatmest und dir dabei vorstellst, nicht deine Lunge, sondern dein Herz würde sich jedes Mal mit Luft füllen. Genieße deine Beobachtungen, solange sie dir angenehm sind und wohltun. Schon wenige Minuten reichen, um dein Wohlbefinden nachhaltig zu verbessern.

4.2.2. Von der Zehe bis zur Ferse – bewusst gehen

Für diejenigen unter uns, die in einem aufgewühlten Moment nicht einfach stillsitzen können, eignet sich besonders gut eine Meditation in Bewegung. Tai Chi ist eine bekannte Form und auch die Asanas im Yoga werden sofort als solche identifiziert. Damit die Auszeit alltagstauglich ist, fangen wir mit einem kleinen Schritt an: Wenn du auf der Straße bist, mach ein paar Schritte auf und ab, im Büro oder zu Haus kannst du hierfür die Schuhe und sogar die Socken ausziehen und das Gleiche tun. Mach die Schritte so bewusst wie möglich. Latsch nicht einfach wie üblich los, sondern versuch deinen Schritt zu kontrollieren. Anheben, aufsetzen, abrollen, Gewicht verlagern, Gleichgewicht halten, Fußsohlen „abspüren" (Wie fühlen sie sich an? Gleichmäßig belastet? Warm? etc.). Mach jeden Schritt zu einem Erlebnis, auf das du dich voll konzentrierst. Das ist am Anfang nicht nur ungewohnt, sondern regelrecht schwierig. Ein so automatisierter Vorgang wie das Gehen wird zu einer Kopfaufgabe und damit zu etwas, was wir neu lernen müssen. Mach dir keine Gedanken, wenn es sich unrund anfühlt und du wackelst. Alles ist richtig, so lange du dich auf deine Füße und jeden einzelnen Schritt konzentrierst. Mit etwas Übung reichen bereits wenige Meter, um deinen Geist vollends zu beruhigen.

4.2.3. Kerzenschein

Der Sehsinn ist und bleibt unser dominantester Sinn. Rund 83 % der Information des täglichen Lebens werden über das Auge aufgenommen. Kein Wunder also, dass viele Menschen sich leicht ablenken lassen durch das, was sie um sich herum sehen. Das kann natürlich auch eine Meditation erschweren – oder wir machen es uns zunutze und bauen darauf unsere nächste

Mini-Meditation auf. Nimm dir eine Kerze und zünde sie an. Dann widme deine ganze Aufmerksamkeit dieser Flamme. Welche Farbe hat sie, wie bewegt oder verändert sie sich, was fällt dir am Docht auf? Bleib einfach bei dieser Flamme, als wäre sie nicht nur das Wichtigste, sondern das Einzige auf dieser Welt. Auch diese Meditation kann man nach Belieben ausdehnen; für uns reicht es, dass es dir einmal gelingt, diese Kerzenflamme WIRKLICH zu sehen. Damit ist dir der Reset bereits gelungen.

Und nun noch etwas für die Naschkatzen unter uns:

4.2.4. Die Schokoladenmeditation

Besorge dir dein Lieblingsbonbon, einen kleinen Schokoriegel, eine separat verpackte Praline o. Ä.

Betrachte es noch einen Moment in der Verpackung. Stell dir vor – aber erst mal nur vorstellen –, wie du es gleich essen wirst und genieße das Gefühl, den Gedanken an den bevorstehenden Genuss, versuch es dir in allen Varianten vorzustellen. Und läuft dir schon das Wasser im Mund zusammen? Sehr gut! Jetzt packst du das Stück aus und riechst zunächst daran. Lass die Vorfreude über deine Geschmacksknospen wachsen. Dann wagst du den nächsten Schritt und legst das Bonbon auf deine Zunge. Und jetzt heißt es wieder einen Moment anhalten und nicht gleich loslutschen oder zubeißen. Gib dem Bonbon Zeit, sich zu erwärmen, damit entsteht die erste Geschmackswelle. Dann beginnst du zunächst mit Bedacht zu lutschen, und wenn deine Zunge die Oberfläche erforscht hat, dann und erst dann darfst du es tatsächlich essen. Und ist es dir aufgefallen? Ich brauchte dich dieses Mal nicht einmal daran zu erinnern, dass du dich konzentrieren solltest und dein Fokus bei deinen Sinnen verweilen sollte. Deshalb ist diese Meditation besonders geeignet, um auch in schwierigen Situationen eine Pause zu erzwingen. Und am Schluss winkt dann durch die Ausschüttung des Glückshormons Serotonin im Gehirn auch noch eine gefühlte Belohnung für die Ruhe und den Genuss.

Übrigens wird niemand dick von dieser Meditation – es sei denn, er macht sie 425-mal pro Tag!

So, nachdem es uns nun gelungen ist, uns einzufangen und vor der Wand, auf die wir eben noch wie Max mit Höchstgeschwindigkeit zugerast sind, zu stoppen, was machen wir nun?

Fragen wir mal Max: Wenn er diesen Trick gekannt hätte, was hätte er wohl getan? Schauen wir uns nochmal sein Problem an: Er steht im Stau und spätestens bei dem Schild, das ihn über den Grund aufklärt, kann er bereits absehen, dass er mit großer Wahrscheinlichkeit besser umdisponieren oder zumindest sich einen kleinen zusätzlichen Puffer verschaffen sollte, indem er seine Assistentin informiert. Ach ja, er hat ja kein Smartphone dabei.

Da er sowieso im Stau steht und sich nichts bewegt, holt er tief Luft und folgt gedanklich seinem Atem. Er lässt ihn fließen, spürt ihm bis in die Herzregion nach und ist fasziniert zu beobachten, wie wenige Atemzüge seinen Herzschlag bereits beeinflussen. Er blickt in den Rückspiegel und es fällt ihm wie Schuppen von den Augen: Umkehren ist die Lösung! Denn der Heimweg ist kaum fünf Minuten lang, Smartphone holen und dann lieber den Weg über die Autobahn fahren, der ist zwar etwas weiter, aber wird ihn mit einer nur fünfzehnminütigen Verspätung in die Firma bringen. Er lächelt sein Erfolgslächeln, richtet die Krawatte im Rückspiegel und passt die nächste Lücke ab, um seinen Sportwagen in drei Zügen in die Gegenspur zu wenden. So einfach geht das.

Fazit: Es ist wichtig, dass wir uns und unsere Schwächen kennen. Ein Kontrollverlust kann sich zu einem ICE entwickeln, der auf einen Gleisbock zurast, und dann ist Ersterer natürlich kaum noch unbeschadet zu überstehen. Gelingt es uns aber in einem frühen Stadium, uns unsere geistige Flexibilität zu erhalten, indem wir uns mit einer Mini-Meditation eben Raum für einen Alternativgedanken schaffen, dann und nur dann gelingt der Abbruch einer Selbstzerstörungssequenz mit Leichtigkeit – und Spaß.

Sogar so einem Kontrollfreak wie Max.

Extratipp:

Sei gnädig mit dir. Auch eine Mini-Meditation braucht Übung, und je nachdem wie ausgeprägt deine cholerische Ader ist, wird es sicher auch den einen oder anderen Rückschlag geben. Wichtig ist nur, dass du es immer wieder versuchst, und mit jedem Mal, wo du dich in der Ruhe wiederfindest anstatt vor der Wand, wird dir für die nächste Herausforderung den Rücken stärken. So schwimmst du von Erfolg zu Erfolg und baust dir einen starken und gut beleuchteten Notausstieg aus deinem eigenen Tunnel.

5. Ausweichen, Umwege und richtig durchstarten

Marlene ist eine Frau mit vielen Talenten: Sie interessiert sich für gutes Essen und kocht gern für ihre Freunde, sie reist, sie würde gern mehr Sport treiben und sie mag Handarbeiten. Ihr Leben ist vielseitig und erfüllt und könnte so viel Spaß machen, wenn sie sich nur nicht immer selbst im Weg stehen würde. An einem ganz gewöhnlichen Tag sieht das ungefähr so aus:

Sie steht morgens auf und stellt sich wie immer auf die Waage. Etwas Sport könnte nicht schaden, und vielleicht heute mal etwas Salat statt ihrer geliebten Pasta? Hochmotiviert macht sie sich frisch und auf den Weg zur Arbeit. Als Grafikdesignerin liebt sie ihre kreative Arbeit, vor allem, weil sie ja auch privat viel Spaß an Kreativität hat. Schon längst wollte sie eine Karte entwerfen als Einladung zu ihrem Geburtstag, aber statt es einfach anzugehen, schiebt sie eine Aufgabe nach der anderen vor. Selbst die Ablage und das Wegsortieren ihrer Mails macht sie lieber in ihrer Pause, ehe sie sich die Zeit nimmt, um mal über ihr eigenes Design nachzudenken.

Dann steht plötzlich ihre Lieblingskollegin freudestrahlend vor ihr und hält ihr ein riesiges Stück Schokoladenkuchen hin. Natürlich weiß Marlene, was sie eigentlich tun sollte, aber der Kuchen sieht so verlockend aus, und das Mittagessen hat sie vor lauter Arbeit auch völlig vergessen und nun knurrt der Magen nur um so lauter. Naja, und die Buchhalterin hat ja auch nicht jeden Tag Jubiläum und das eine Stück… und auch nur heute … Also isst sie das Stück und fängt das Layout für den nächsten Kunden an.

Und als sie endlich dazu kommen würde, sich doch mal mit ihrem Design zu beschäftigen – tja, da ist es auch schon so spät, dass sie wirklich nach Hause muss. Also ein anderes Mal.

Auf dem Weg nach Hause versucht sie sich an ihren Vorsatz zu halten, zum Sport zu gehen. Doch je näher sie dem Studio kommt, um so lauter fängt ihr innerer Schweinehund an zu heulen. „Es ist schon so spät …“, „Der Tag war doch anstrengend genug …“, „Und der Schokokuchen liegt mir auch noch im Magen …“, „Das Buch von gestern war auch echt gut, vielleicht leg ich mich doch lieber auf die Couch und lese ein bisschen …“ Du ahnst, was passiert: Sie fährt nach Hause.

Als sie durch die Wohnungstür kommt, nagt das schlechte Gewissen ziemlich an ihr, sodass sie sich nur schnell einen Tee macht und dann wild entschlossen an ihren Laptop geht, um endlich mit der Karte anzufangen.

Doch zuerst liest sie ihre Mails. Dann räumt sie ihre Ablage auf, und weil sich die Wollmäuse unter dem Tisch rumtreiben, holt sie sich auch noch mal eben den Staubsauger. Statt des Arbeitszimmers saugt sie dann lieber gleich die ganze Wohnung, und ehe sie nun wirklich hundemüde ins Bett fällt, putzt sie auch noch schnell das Bad … Rate, was sie wieder nicht gemacht hat? Richtig, ihre Karte.

5.1. Ein Umweg muss her
– gerade noch mal die Kurve bekommen

So oder so ähnlich kann es aussehen, wenn Menschen sich systematisch selbst manipulieren.

Zugegeben, die meisten Leute scheitern schon daran, sich überhaupt ein Ziel so zu setzen, dass es realistisch für sie erreichbar ist. Direkt auf Platz zwei folgen diesem P h ä n o m e n   a l l e r d i n g s   d i e   b e l i e b t e n Ausweichmechanismen. Und diese können mannigfaltig sein: Der eine räumt auf, statt zu arbeiten, der andere putzt, isst, sieht fern, spielt Online-Spiele, chattet, surft im Internet oder verliert sich in den sozialen Netzwerken, treibt exzessiv Sport, trinkt, raucht etc.

I r g e n d w a s   d a b e i ,   w a s   d i r   s p o n t a n   b e k a n n t vorkommt?

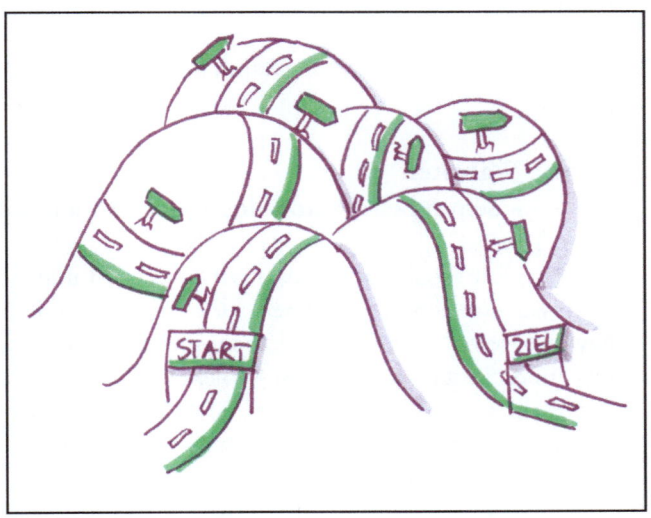

Ja, wir haben alle Dinge, die wir „lieber tun", als uns der gerade wichtigsten Aufgabe zu widmen – vor allem, wenn es bei dieser Aufgabe um etwas Persönliches, eine Herzensangelegenheit geht. Auch das Verlassen der eigenen Komfortzone kann definitiv durch entsprechende Ausweichmechanismen super umgangen werden, ebenso wie das Ausprobieren von etwas Neuem. Ja, auch diese Liste könnten wir beliebig fortsetzen.

Fakt ist jedoch, egal wie und egal womit du dich am liebsten manipulierst, um nicht voranzukommen, am Ende lässt sich das Problem immer auf einen einzigen Punkt herunterbrechen: Die Sache (respektive du!) bist es dir nicht wert! Denn wenn du es dir wert bist, deine Herzensprojekte an vorderste Stelle zu stellen und zu realisieren, dann kann so etwas wie Aufschieberitis gar nicht mehr vorkommen.

Autsch, das hat jetzt wehgetan, oder? Aber so ist das!

5.2. Wahrheit
– selten beliebt und doch nicht zu leugnen

Das Gute ist allerdings, dass wir in dem Moment, in dem wir uns unserer eigenen kleinen Ausweichtricks bewusst werden, die Chance haben, uns eben auch FÜR uns und unser eigentliches Projekt zu entscheiden. Dafür braucht es wieder nur einen kurzen wachen Moment (den jeder trainieren kann) und dann eine aktive Gegenstrategie.

Also, sobald dir auffällt, dass du schon wieder ausweichst, probier mal folgende Strategie:

Schritt eins (und der ist weder zu unterschätzen noch zu ersetzen oder zu umgehen): Erkenne deine Ausweichmechanismen! Ja, da sind wir wieder bei der ungeliebten Wahrheit. Schau dir genau an, womit du deine Tage verbringst. Und sollte dir das nicht auf den ersten Blick gelingen, dann leg dir ein Zeittagebuch an, in dem du für ein paar Tage minutiös alles notierst, was du tust und wie lange es jeweils dauert.

Pro Woche ziehst du einmal Bilanz und markierst dir, welche Zeit du für dich persönlich als „verschwendet" betrachtest. Nach einer Weile kannst du dann den Ausweichmechanismus quasi schon erahnen, ehe er sich überhaupt durchgesetzt hat.

Schritt zwei: Anstatt sich relativ wahllos so ziemlich ALLES auf einmal vorzunehmen, suchst du dir systematisch nur EINE Sache aus, die du erreichen willst.

„Priorität" lautet das Zauberwort

In Marlenes Fall hieße das: Soll sie mit regelmäßigem Sport, gesunder Ernährung oder ihrer Geburtstagseinladung anfangen? Da die Einladung wohl das zeitkritischste ist, kommt sie an die erste Stelle auf der Prioritätenliste. Da mit ausreichend Sport auch die eine oder andere ernährungstechnische Sünde verzeihlich wird, kommt der Sport an Platz zwei und die gesunde Ernährung landet an Stelle drei. Natürlich könntest du diese Liste auch beliebig anders sortieren. Es geht hier nicht um ein Richtig oder Falsch oder den EINEN richtigen Weg. Es geht darum, dass du deine Ziele priorisierst und dann nacheinander abarbeitest – welches dir dabei am wichtigsten ist, bleibt dir überlassen.

So vorsortiert kannst du – oder Marlene – beginnen, sich für den nächsten Tag ein Zeitfenster zu schaffen, indem du mit Priorität 1 deiner Liste beginnst.

Jemandem, der sehr starke Ausweichmechanismen hat, empfehlen wir gern, sich tatsächlich einen Termin in den eigenen Kalender einzutragen. Diese sogenannte ICH-Zeit ist verbindlich und einzuhalten. So organisiert kannst du durchstarten. Wenn du dich garantiert nicht mehr drücken willst, kannst du sogar so weit gehen, eine(n) Vertraute(n) einzubeziehen und sie/ihn als Schiedsrichter einsetzen. Denn wenn man jemandem von seinem Ziel erzählt und bis wann es in welcher Form realisiert sein soll, dann wirkt ein bisschen externe Kontrolle Wunder.

Mit diesem Trick schlägt man schon dem ein oder anderen unfreiwilligen Umweg durch Ausweichen ein Schnippchen. Eine weitere, alternative Möglichkeit ist es, den erkannten Ausweichmechanismus umzumodeln. Mach aus dem Unnützen etwas Nützliches! Z. B. wenn du ein Fernsehjunkie bist und immer wieder vor der Lieblingsserie landest, statt deine Steuererklärung zu machen, dann kannst du dir erstens als Belohnung die neue Staffel kaufen und dich darauf freuen, wenn die Erklärung abgeschickt ist, und zweitens einen Anker setzen, um nicht in die ungewollte

Verhaltensweise zu verfallen. Für diesen Fall wäre vielleicht dein Lieblingsmusiktitel eine gute Wahl – anstatt den Fernseher einzuschalten. Drei Minuten voll aufgedreht genossen und danach zügig und konzentriert die unangenehme Aufgabe bewältigt. Die Musik macht auf Anhieb gute Laune und gibt zusätzliche Energie, sodass du viel schneller fertig wirst und am Ende feststellst, dass ein gutes Gefühl zurückbleibt – der Erfolg verstärkt selbiges noch.

Anker können ein Ritual, ein Song, eine kurze Meditation, ein bewusst gelesenes Zitat, die Erinnerung an einen als schön erlebten Moment etc. sein – alles, was dich positiv gestimmt daran erinnert, auf deinem Weg zu bleiben, hilft.

Und vergiss nicht, jeden Erfolg zu feiern und dich zu belohnen, wenn du eine Verabredung mit dir selbst eingehalten hast. Das verstärkt nachhaltig und langfristig deine Durchsetzungskraft, wenn du das nächste Mal vor der Wahl stehst: Ziehe ich es durch oder weiche ich aus!

Marlene hat ihre Geburtstagseinladung mittlerweile fertig. Und weil sie sich dafür bewusst Zeit genommen hat, ging es auch ohne schokoladige Sünden o. Ä. So gestärkt und motiviert nimmt sie sich für morgen den Sport vor. Und du?

Viel Spaß beim Durchstarten.

Umdenken erwünscht?
Nein, zwingende Voraussetzung!

An den vorangegangenen Beispielen haben wir uns verschiedene Menschentypen, die unterschiedlichen Herausforderungen gegenüberstehen, angeschaut. Einige Probleme haben wir Autorinnen selbst erlebt. Andere haben wir bewusst eher stereotyp gewählt – alte Bekannte lassen grüßen. Wieder andere sind weniger bis gar nicht vorhersehbar dargestellt, um dir eine möglichst breite Basis zum Anknüpfen zu bieten. Fülle sie einfach mit deinen ganz eigenen Herausforderungen. Natürlich wirst du dich nicht in jeder Geschichte gleich intensiv wiederfinden. Das ist auch gar nicht nötig. Wir freuen uns, wenn du Spaß beim Lesen hattest, die ein oder andere dich ansprechende Technik dabei war und ein paar Tipps für dich auch im Alltag anwendbar sind – so wirst auch du gelassen deinem persönlichen Glück ein Stück näher kommen. Dann ist alles gewonnen.

Und: Leg das Buch nicht zu weit weg. Denn das Leben ist Veränderung. Du kannst diesen Ratgeber auch jederzeit wieder herausholen und noch mal nachlesen, ob für dich in deiner jeweiligen Situation dann gerade eines von den Kapiteln interessant ist, die du vorher eher beiseite geschoben hast. Dinge verändern und entwickeln sich, das ist normal.

Einige der vorgestellten Techniken werden dir vielleicht in Auszügen bekannt vorkommen. Das mag daran liegen, dass wir auch hier einen Mix zusammengestellt haben aus Bewährtem und von uns neu Kreiertem. Nimm hier ebenfalls das an, was sich für dich passend und bereichernd anfühlt und sich gut umsetzen lässt.

Das Wichtigste an diesem Buch ist, dass du es als Inspiration dazu verwendest, für dich etwas anders zu machen: in deiner Betrachtungsweise, in deiner Herangehensweise, in deiner persönlichen Bewertung. Wir laden dich mit allen Ideen zum Umdenken, zum Neudenken ein.

„Glaube nicht alles, was du denkst", sagte einmal eine MBSR[3]-Ausbilderin, und dieses Mantra möchten wir dir ebenfalls mitgeben.

Ja, trau dich, deine Gewohnheiten, deine „üblichen" Verhaltensmuster, dein allgegenwärtiges Hier und Jetzt infrage zu stellen. Und nein! Bitte nicht alles auf einmal, sondern so, wie wir es mit dir angegangen sind: in kleinen Dosen, Schritt für Schritt und immer mal wieder einen anderen Punkt behandelnd. Am Ende wirst du bei dir genau die Auslöser finden, die dich aus der Ruhe bringen, die dich immer gleiche Schleifen fahren lassen oder mit deren Ergebnissen du schon lange nicht mehr zufrieden bist. Und da setzt du an! So erzielst du deine ganz persönlichen Siege auf dem Weg zu mehr Glück, Wohlbefinden und Erfolg.

Sei mutig und sieh genau hin!

Nichts ist schwerer, als sich die eigenen Schwächen

---

[3] Mindful Based Stress Reduction – zu Deutsch „Achtsamkeitstraining" (Anm. d. Autorinnen)

einzugestehen bzw. Fehler zuzugeben. Aber nur, wenn wir uns selbst so richtig gut kennen, uns auf die Schliche kommen und absolut durchschauen, können wir auch wirklich etwas verändern und bewirken. Deshalb trau dich: Erkenne deine Schwächen und vor allem deine Stärken. Vertraue drauf, dass du bei Bedarf immer die passenden Unterstützer findest.

Das wiederum sorgt nachhaltig für Gelassenheit und gute Laune! Deshalb sollen auch alle Übungen Spaß machen – vielleicht nicht direkt beim Machen, aber garantiert im Ergebnis.

Falls auch du zu den eher ungeduldigen unter uns gehörst und es dir nie schnell genug gehen kann: Bitte nimm dir die Zeit. Du bist es dir wert und wirst noch mehr von den Übungen profitieren, wenn du dein ganz individuelles Tempo findest, deinen persönlichen Weg gehst und deine eigenen Ideen umsetzt.

Nicht jeder Mensch lernt gleich schnell – und das ist gut so. Jeder Mensch hat unterschiedliche Schwerpunkte. Jeder macht sich mit etwas anderem Stress. Wir alle haben uns über die Jahre bestimmte Denk- oder Verhaltensmuster angewöhnt. Diese Muster fühlen sich sehr wohl bei uns und deswegen werden wir sie auch nicht über Nacht los. Nicht mit allem Willen der Welt. Aber du kannst hier und heute den Entschluss dazu fassen und den ersten Schritt tun. Das könnte z. B. so klingen:

„Ich weiß, dass ich ungeduldig bin. Ich entscheide mich hier und heute, dass ich geduldiger sein werde, mit anderen und insbesondere mit mir selbst. Vor allem dann, wenn mir etwas nicht auf Anhieb so gut gelingt, wie ich es gern hätte."

Wir möchten dich einladen, ganz im Sinne des Anfängergeistes mit den Impulsen dieses Buches zu verfahren: Beobachte einfach mit neugierigem Interesse, was die eine oder andere Übung mit dir macht, und schau weiter, was sich daraus ergibt.

Als „verkopfte" Erwachsene, die gelernt haben, Wissen anzuhäufen und reproduzierbar zu machen, fällt es uns manchmal schwer, wieder mit kindlicher Offenheit Dingen gegenüberzutreten – wie zum Beispiel beim Malen.

Wenn kleine Kinder die ersten Farben bekommen, dann tapsen sie mit Fingern und Händen darin herum und schmieren auf alles, was sie finden können. Papierbogen um Papierbogen wird mit bunten Klecksen und Wischereien gefüllt – ganz ohne Sinn, Zweck oder Ziel. Kinder leben nur für die Wahrnehmung. Sie nehmen jeden Sinneseindruck wahr, und ihre kleinen Herzen freuen sich an Farbe, dem Gefühl, vielleicht dem Geschmack – bedingungslos. Sie haben einfach nur Spaß!

Erwachsene hingegen würden einen Ratgeber darüber lesen, wie Farben untereinander wirken, wie eine bestimmte Technik am besten gelingt. Sie würden sich Vorbilder oder Vorlagen suchen und diverses Equipment kaufen oder mindestens einen Kurs besuchen. Dann würden sie zunächst davor zurückscheuen, die weiße Leinwand oder das Blatt Papier überhaupt zu „beschmutzen", denn mit Malen hätte ihr Tun in ihren strengen Augen im ersten Schritt noch gar nichts zu tun. Der Kritiker käme hier noch vor dem Künstler zu Wort. Und dann würden sie vielleicht doch irgendwann loslegen, und je nachdem, wie streng sie mit sich selbst sind, wären sie am Ende mehr oder weniger zufrieden. Mit bedingungsloser Hingabe und purer Freude hätte diese erste Erfahrung wenig gemein.

Bitte versteh uns nicht falsch: Es ist nichts Verkehrtes daran, Dinge „richtig" machen zu wollen oder „schöne" Ergebnisse zu erzielen. Alles wozu wir dich verführen möchten, ist, die Begriffe „richtig" und „schön" an der Stelle einmal infrage zu stellen.

Kann es sich nicht auch überaus richtig und schön anfühlen, einfach Farbe auf Papier fließen zu lassen? Einem Strich hinterherzuschauen und sich überraschen zu lassen, wohin er läuft und was aus ihm wird? Löse mit uns deine vorgefertigten Erwartungen auf und gewinne jede Menge innere Freiheit. Wir sind jetzt schon begeistert von dem Potenzial, das in dir steckt und nur darauf wartet, sich zu entfalten.

Ganz viel Spaß beim Andersmachen wünschen
Birgit und Amélie – dein Creativeer®

Probleme & Lösungsstrategien im Überblick

- Du siehst nur deine **Schwächen?** – Mache den **Stärkentest** der Universität Zürich (Kapitel 1.3.)

- Du stellst dein **Licht unter den Scheffel?** – Erarbeite dir dein persönliches **Stärkenprofil** (Kapitel 1.4.)

- Du hast **Angst vor dem schlimmsten Fall?** – Entwickle eine **hilfreiche Einstellung** („Put it in perspective") (Kapitel 1.6.)

- Du brauchst eine **Entscheidungshilfe?** – Bilde einen **inneren Beraterstab** (Kapitel 2.3.)

- Menschen kosten dich **zu viel Kraft?** – Erstelle dir ein **Beziehungsdiagramm** (Kapitel 3.2.)

- Du siehst hauptsächlich das, was **schlecht gelaufen** ist? – **Blicke positiv auf deinen Tag zurück** (Kapitel 3.5.)

- Du brauchst einen **Kraftspender?** – Erschaffe dir ein **Positive Portfolio** (Kapitel 3.6.)

- Du gerätst **leicht aus der Ruhe?** – Probiere eine **Mini-Meditation** (Kapitel 4.2.)

- Du **verzettelst dich** häufig? – **Priorisiere** richtig und setze dir **Anker** (Kapitel 5.2.)

Kurz und knackig – 10 Extratipps für mehr Wohlbefinden und Erfolg!

(1) Zeitdruck – Es soll mal wieder schnell gehen? Entschleunige!

Mach öfter mal eine kleine Pause.

Arbeite zügig, aber bewusst ohne Hetze, denn: wer hetzt, arbeitet oft unkonzentriert. Es schleichen sich Flüchtigkeitsfehler ein. Die verursachen zusätzlichen Stress und kosten Zeit. Und Zeit war ja das, was du sparen wolltest.

(2) Die Arbeitsmenge erdrückt dich? Feiere deine Erfolge!

Mach einen realistischen Tagesplan, bau „Zeitpuffer" ein und gib dein Bestes – mehr kannst du nicht tun.

Freu dich am Ende des Tages über das, was du geschafft hast – es ist deine Leistung und die bleibt es auch – egal, was noch unerledigt ist oder wer unzufrieden ist!

(3) Komm ins Tun. Agieren statt reagieren!

Was stresst mich, was kann ich tun? Plane konkrete Schritte und setze sie im Alltag gezielt um. Verlass die Opferrolle, werde Macher und Bestimmer deines Lebens und nimm das Heft selbst in die Hand.

(4) Lächle und sei froh!

Nimm dich und das Leben nicht so ernst. Wirkliche Probleme gibt es zum Glück nur selten. Meist sind es einfach Situationen, die anders sind, als wir sie gern hätten.

Lachen tut gut, macht sympathisch und ist gesund. Lache doch auch mal wieder über dich selbst!

(5) Auf die Perspektive kommt es an!

Stell dir vor, du wärst ein Vogel. Oder du sitzt in einem Hubschrauber und blickst auf die Welt. Was siehst du alles? Wie bewertest du deine Situation jetzt?

Stell dir vor, du wärst zehn Jahre weiter. Wie wirst du rückblickend deine Situation betrachten? Welche großen Probleme gab es vor zwei, fünf oder zehn Jahren und wie denkst du heute darüber?

(6) Kleine Sache, große Wirkung

Sei achtsam und freue dich auch an kleinen Dingen.

Schaue bewusst auf das, was DA ist, und sei dankbar dafür. Vieles erscheint uns so lange selbstverständlich, bis es plötzlich fehlt.

(7) Ist schließlich mein Problem!

Fehler zugeben, Hilfe annehmen, Unterstützung aktiv anbieten: Du wirst dich wundern, wie einfach das tägliche Sein wird, wenn du zu deinen Fehlschlägen stehst und Erfahrungen mit anderen teilst.

(8) Kapitulation? Niemals!

Rückschläge sind schmerzhaft – und lehrreich. Nimm sie als das, was sie außerdem sind: ein Ansporn, es das nächste Mal einfach besser zu machen.

(9) Sprich, was wahr ist!

Achte auf deine Worte und ob sie dein Gegenüber stärken und unterstützen. Auch du möchtest nicht, dass hinter deinem Rücken schlecht über dich gesprochen wird. Verschwende weder Zeit noch Energie an Tratsch.

(10) Sei anders – sei du selbst!

Nichts ist wertvoller und macht uns stärker, als zu uns zu stehen. Du bist toll, so wie du bist, vergiss das nie. Denn nur weil es andere blendet, brauchst du dir dein Funkeln nicht nehmen zu lassen. Bleib authentisch!

Quellennachweis

BISWAS-DIENER, Robert (2010): Practicing Positive Psychologie Coaching: Assessment, Activities and Strategies for Success. Hoboken, NJ: John Wiley & Sons, Inc.

BLICKHAN, Daniela (2015): Positive Psychologie. Ein Handbuch für die Praxis. Junfermann Verlag, Paderborn

CELEBI, Christin Dr., DGPP (2016–2017), Deutsche Gesellschaft für Positive Psychologie, Schulungsunterlagen

FREDRICKSON, Barbara L. (2011): Die Macht der guten Gefühle. Wie eine positive Haltung Ihr Leben dauerhaft verändert, Campus Verlag, Frankfurt am Main – New York

HIRSCHHAUSEN, Dr. Eckhard von (2016): Wunder wirken Wunder. Wie Medizin und Magie uns heilen, Rowohlt Verlag GmbH, Reinbek bei Hamburg

KALUZZA, Gert (2014): Salute! Was die Seele stark macht: Programm zur Förderung psychosozialer Gesundheitsressourcen, Klett-Cotta

LÖHMER, Cornelia, Standhardt, Rüdiger (2014): MBSR – Die Kunst das ganze Leben zu umarmen, Klett-Cotta Verlag, Stuttgart

MANGELSDORF, Judith Dr., DGPP (2016–2017), Deutsche Gesellschaft für Positive Psychologie, Schulungsunterlagen

ROSS, Michigan, Center for Positive Organizations, http://positiveorgs.bus.umich.edu/wp-content/uploads/cpo-rbse-flier_april2016-1-1.pdf, aufgerufen am 01.02.2018

SALVAGGIO, Nikolina (2016), fitmedi – Akademie

für freie Gesundheitsberufe: Handbuch/Skript zur Ausbildung Stressmanagement Trainer/in

SCHULZ VON THUN, Friedemann (2004), Das Innere Team in Aktion. Praktische Arbeit mit dem Modell, rororo, Hamburg Reinbek

Birgit Möller

Geboren und lebend in Hamburg, liebt sie das Wasser, frische Impulse und Ruheoasen nicht nur in stürmischen Zeiten. Sie ist Sparkassenbetriebswirtin mit über 30 Jahren Erfahrung im Bankbereich. Als Trainerin für Persönlichkeitsentwicklung und Stressmanagement ist sie selbstständig mit ihrem Unternehmen Balance-Management-Hamburg. Getreu dem Motto: „Die Welt dreht sich immer schneller – bleib in Balance!", sind persönliches Wohlbefinden und Erfolg zentrale Themen ihrer Arbeit im Privat- und Businesskontext.

www.balance-management-hamburg.de

Melanie Amélie Pump

Seit 1976 gebürtig und lebhaft in Hamburg, nennt sie liebevoll die Welt ihr Zuhause. Zuletzt als Marketingleiterin angestellt, liegt ihr heute als freiberufliche Businesstrainerin und Speakerin besonders das seelische Wohl ihrer Mitmenschen am Herzen. Deshalb widmet sich die Gründerin und Inhaberin des 1 Cup Coaching – Institut für creative Gelassenheit – als Creativeer® Themen wie creative Gelassenheit, persönliche Entfaltung und gesunde (Selbst)Führung.

Zusätzlich bloggt sie und pflegt außerdem einen Podcast (41+ – deine Chance ist jetzt).

www.1-cup-coaching.de

Hier geben wir dir noch drei Seiten Raum für deine Notizen und Gedanken: